Agradecida

DANDO GRACIAS A DIOS EN CADA CIRCUNSTANCIA

LIFEWAY MUJERES

Lifeway Recursos
Brentwood, Tennessee

Publicado por B&H Español • © • 2024 Lifeway Mujeres® •
Brentwood, TN

ISBN: 979-8-3845-0987-5
Ítem: 005849602
Clasificación decimal Dewey: 248.843

Título del tema: GRATITUD \ MUJER \ VIDA CRISTIANA

Para ordenar copias adicionales de este recurso, llame al 1 (800)257-7744, visite nuestra página, www.lifeway.com o envíe un correo electrónico a recursos@lifeway.com.También puede adquirirlo u ordenarlo en su librería cristiana favorita.

Impreso en los Estados Unidos de América

Lifeway Mujeres, Lifeway
Recursos, 200 Powell Place,
Suite 100 Brentwood, TN
37027-7707

EQUIPO EDITORIAL, LIFEWAY RECURSOS

Giancarlo Montemayor
Vicepresidente
Lifeway Global

Carlos Astorga
Director editorial
Lifeway Recursos

Juan David Correa
Editor general
Lifeway Recursos

Denisse Manchego
Edición de contenido

Yasmith Ordoñez
Corrección de estilo

Alba Marina Nulchis
Diseño gráfico

CONTENIDO

Cómo UTILIZAR ESTE ESTUDIO

Bienvenida a *Agradecida: Dando gracias a Dios en cada circunstancia.* Oramos para que este estudio fomente en ti un corazón de gratitud, independientemente de la temporada del año en que decidas hacerlo. Esperamos que descubras que ser agradecida aparta tus ojos de ti misma y te ayuda a valorar tu tiempo y tus relaciones de una manera nueva. Cuando somos un pueblo agradecido, señalamos a nuestro Dios bueno que nos ama y nos provee.

INICIO

Creemos que el discipulado se realiza mejor en comunidad, por eso te animamos a realizar este estudio en grupo. O, si lo haces sola, considera la posibilidad de invitar a una o dos amigas para que lo estudien al mismo tiempo. Así tendrás amigas de estudio con quienes orar y conectar, ya sea tomando un café juntas, enviando mensajes de texto o correos electrónicos, para hablar sobre lo que están aprendiendo.

ESTUDIO PERSONAL

Cada semana, durante cinco días de estudio personal, se incluirá el perfil de alguien de la Biblia que demostró un corazón agradecido, dos días de enseñanza basada en la Escritura sobre la gratitud, un salmo de acción de gracias y un día dedicado a practicar la gratitud.

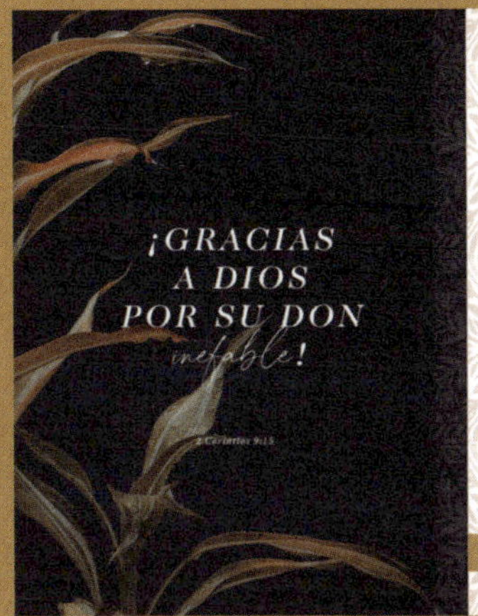

PÁGINA DE REFLEXIÓN

Al final de cada semana, tendrás una página para reflexionar sobre lo aprendido, con espacio para escribir un diario, dibujar o expresar lo que sientas que mejor represente tu gratitud. Además, encontrarás preguntas para el diálogo en grupo.

¿ESTÁS LIDERANDO UN GRUPO?

Descarga una guía gratuita para líderes en PDF en **lifeway.com/agradecida**. La guía del líder ofrece varios consejos y ayudas, junto con guías de diálogo para cada semana.

escanear

DESCARGAS GRATUITAS

Recursos disponibles para ayudarte a promocionar el estudio en tu iglesia o vecindario, incluyendo: tarjeta de invitación, póster promocional, inserto para boletín y plantilla para PowerPoint®. Encontrarás esto y mucho más en **lifeway.com/agradecida**

INTRODUCCIÓN

¡Da las gracias!

¿Has dado las gracias?

¡Tengo que escribir mis notas de agradecimiento! Gracias, gracias, gracias.

Desde el momento en que los niños aprenden a hablar, les enseñamos a dar las gracias. Esperamos que esta lección de buenos modales sea algo que todos llevemos a lo largo de nuestras vidas, expresando intencionadamente nuestra gratitud por lo que la gente hace por nosotros o nos da. Dependiendo del país en el que vivas, puede que incluso tengas una fiesta nacional reservada para recordar que hay que dar las gracias. Pero se trata de momentos: circunstancias, fechas del calendario, un sentimiento de «agradecimiento» cuando suceden cosas buenas.

En toda la Biblia, el agradecimiento se considera una característica permanente del pueblo de Dios, no un sentimiento temporal. El apóstol Pablo dijo que los que siguen a Cristo deben estar «abundando en acciones de gracias» (Col. 2:7b). Pero, ¿se refería a todo el tiempo? ¿Incluso en el sufrimiento, las adversidades y las pérdidas? Sí, incluso en esos momentos. ¿Cómo conciliamos esto? ¿Cómo aprendemos a ser mujeres agradecidas incluso cuando nuestras circunstancias no parecen justificarlo?

Harvard Health Publishing publicó un artículo titulado «Dar las gracias puede hacerte más feliz». En el, compartían lo siguiente de un estudio de investigación sobre la gratitud:

Dos psicólogos, el Dr. Robert A. Emmons de la Universidad de California en Davis y el Dr. Michael E. McCullough de la Universidad de Miami, han realizado gran parte de la investigación sobre la gratitud. En un estudio, pidieron a todos los participantes que escribieran frases cada semana, centrándose en temas específicos.

Un grupo escribió sobre las cosas por las que estaban agradecidos durante la semana. Otro segundo grupo escribió sobre irritaciones cotidianas o cosas que les habían disgustado, y el tercer grupo escribió sobre acontecimientos que les habían afectado (sin hacer hincapié en que fueran positivos o negativos). Al cabo de diez semanas, los que escribieron sobre la gratitud eran más optimistas y se sentían mejor con sus vidas. Sorprendentemente, también hacían más ejercicio y acudían menos al médico que los que se centraban en las fuentes de irritación.[1]

Parece (e imagino que esto no te sorprenderá) que la gratitud comienza en nuestros pensamientos. Como mujeres de Dios, ¿pensamos activamente en Él y en las promesas y bendiciones que la Biblia nos asegura como seguidoras de Jesús? ¿O nos pasamos el tiempo comparándonos con los demás, envidiando las vidas perfectas que vemos en las redes sociales y lamentándonos de la rutina diaria o de las relaciones difíciles? Porque para ser mujeres que rebosan gratitud, como nos dice la Palabra de Dios, no podemos hacer ambas cosas.

Durante las próximas cuatro semanas, exploraremos la gratitud juntas mientras estudiamos la Escritura.

Para escribir este estudio, juntamos a un equipo de mujeres piadosas y talentosas, procedentes de distintas épocas de la vida, que han vivido experiencias muy diversas. La sabiduría que han adquirido a través de años de caminar con el Señor ha ampliado su comprensión de lo que significa estar agradecida con Dios por todas las circunstancias.

Lo que esperamos que aprendas de este estudio bíblico es que Dios te creó, te salvó, te ama y te está utilizando para Su buen propósito: glorificarlo y extender Su amor a los demás. Así que, independientemente de cómo sea tu vida en comparación con la de los que te rodean o de lo difíciles que se pongan las cosas de vez en cuando, es posible tener un corazón agradecido simplemente por quién es Jesús y por quién eres tú en Él.

Estamos emocionadas de que pases las próximas cuatro semanas con nosotras. Nuestra oración es que seamos mujeres que aprendan a «estad siempre gozosos, orad sin cesar, dad gracias en todo; porque esta es la voluntad de Dios para con vosotros en Cristo Jesús» (1 Tes. 5:16-18).

Laura Magness

PRIMERA SEMANA

AGRADECIDA POR LA SALVACIÓN DE DIOS

Un corazón agradecido surge de la comprensión de quién es Jesús y de quiénes somos nosotras en Él. Cuando estamos correctamente alineadas con Dios Padre, nuestro Creador y Redentor, siempre encontraremos razones para estar agradecidas. A pesar de los altibajos de nuestras circunstancias, nuestra identidad como Sus hijas no cambia.

Los pasajes bíblicos que estudiaremos esta semana incluyen un relato del evangelio y dos enseñanzas importantes que nos muestran que si lo único por lo que tenemos que estar agradecidas es por la nueva vida en Jesús, eso es suficiente para que nuestros corazones rebosen de gratitud cada día.

Lucas 17:11-19

LA *gratitud* DE UNO

por Wendy Bello

Hubo un tiempo en mi vida en el que la gratitud era un concepto extraño. Sí, entendía lo que significaba la palabra, y dar gracias era algo que se esperaba en la sociedad, algo que mis padres y abuelos me inculcaron. Pero no vivía con un corazón agradecido. Entonces, un día, el Señor utilizó un libro que estaba leyendo para revelar cómo el pecado de la ingratitud se había arraigado en mi vida y con qué rapidez había olvidado las cosas maravillosas que Él había hecho.

Recordar la bondad y la misericordia de Dios inevitablemente produce gratitud, pero tenemos corazones olvidadizos, al igual que muchos de los personajes de la historia de hoy.

LEE LUCAS 17:11-13.

Este pasaje forma parte de una amplia sección del Evangelio de Lucas que narra el viaje de Jesús a Jerusalén (Lucas 9:51-19:41). Mientras estaba de camino, Jesús tuvo un encuentro con un grupo de hombres que padecía lepra. *Lepra* era un término general utilizado para diferentes afecciones agudas de la piel. La ley de Moisés exigía que los leprosos vivieran fuera de la ciudad (Núm. 5:2-4) y no se mezclaran con el resto del pueblo. Mientras anduvieran por ahí, debían taparse la boca y gritar «¡Inmundo, inmundo!» (Lev. 13:45-46). Por eso, cuando este grupo de hombres vio venir a Jesús, se mantuvo a distancia y alzó la voz para que Él pudiera escucharlos.

¿Cuál fue su súplica a Jesús? ¿Por qué crees que le pidieron eso a Jesús?

¿Cómo te habrías sentido si hubieras formado parte de este grupo de personas?

A veces podemos sentirnos como estos hombres: marginadas, excluidas, solas. No estamos obligadas a vivir fuera de nuestros pueblos o ciudades, pero a veces elegimos mantener la distancia con los demás e incluso con el Señor. Quizás nos separemos por el pecado o la vergüenza, o quizás estemos confundidas o tengamos miedo, pero animémonos con este texto. *Al igual que estos hombres, podemos invocar el nombre del Señor.* ¡Él es un Dios misericordioso! Pero, ¿qué significa eso exactamente?

¿Cómo definirías la misericordia de Dios?

Un teólogo definió *la misericordia de Dios* como «la bondad o el amor de Dios mostrados a los que están en la miseria o en la angustia, independientemente de sus méritos».[1] Recibir Su misericordia no depende de nuestros méritos ni de nuestro comportamiento. No podemos hacer nada para ganarnos Su misericordia. Es Su prerrogativa. Y hay algo sorprendente sobre la misericordia de Dios: ¡nunca se agota! Hay un suministro ilimitado. De hecho, la Escritura nos dice que las misericordias de Dios son nuevas cada mañana (Lam. 3:22-23).

Describe un momento en el que hayas experimentado la misericordia de Dios. ¿Qué impacto tuvo en tu vida?

LEE LUCAS 17:14-16.

La ley ordenaba que una persona afectada por alguna enfermedad de la piel debía ser examinada por un sacerdote. Este examen determinaría si la persona estaba limpia o no. Si estaba limpia, la persona podía volver a llevar una vida normal con el resto del pueblo (Lev. 14:2-32).

EN LUCAS 5:12-13, Jesús tuvo un encuentro con un hombre leproso. Lee el pasaje y compáralo con el encuentro de Lucas 17. ¿Qué diferencias encuentras?

Cuando Jesús ordenó a los hombres del capítulo 17 que fueran a mostrarse a los sacerdotes, aún estaban enfermos e impuros. Su sanidad tuvo lugar mientras iban de camino a los sacerdotes. ¿Puedes imaginar el asombro que sintieron aquellos hombres cuando miraron sus cuerpos y no vieron ningún rastro de lepra? Jesús ni siquiera los había tocado, ¡y sin embargo, fueron testigos del poder del único Dios verdadero!

La fe y la obediencia de los diez también intervinieron en el proceso. Tuvieron fe en lo que dijo Jesús y obedecieron Su mandato. Así debería ser en nuestro caminar con el Señor. Como dice el antiguo himno:

Confía y obedece, pues no hay otro camino de ser feliz en Jesús, sino confiar y obedecer.[2]

CONFIAR Y OBEDECER

Después de ser sanados, Lucas señala que uno de los hombres volvió alabando a Dios.

¿Qué aprendemos del texto sobre la identidad de ese hombre? ¿Por qué es importante?

El texto hace hincapié en la nacionalidad de un hombre, *el samaritano*. Los samaritanos y los judíos no se llevaban bien. Los judíos despreciaban a los samaritanos y los consideraban impuros. Ambos grupos tenían una larga historia de conflictos raciales y religiosos. Pero fue el leproso samaritano quien regresó con un corazón agradecido. La misericordia de Jesús había cambiado su vida, y no podía permanecer en silencio. Volvió gritando y alabando a Dios.

¿Recuerdas algún momento de tu vida en la que habías estado orando por algo durante mucho tiempo y, de repente, el Señor te respondió? Describe la experiencia.

¿Regresaste a agradecerle como el samaritano, o seguiste tu camino como los otros nueve leprosos?

Como hemos señalado antes, a veces nuestros corazones tienen problemas de memoria. Con demasiada facilidad seguimos adelante con nuestras vidas y nos olvidamos de agradecer al Señor por las muchas ocasiones en que ha sido misericordioso con nosotras.

LEE LUCAS 17:17-19.

Es interesante que Jesús preguntara por los otros nueve leprosos que quedaron limpios. Después de todo, les había dicho que fueran a ver al sacerdote y ellos habían obedecido. Pero parece como si Él esperara que todos regresaran.

¿Por qué crees que Jesús hizo esta pregunta?

VUELVE A LEER EL VERSÍCULO 18. Jesús estableció una conexión entre la gratitud y dar gloria a Dios. ¿Recuerdas que te hablé de mi propio corazón desagradecido? Bueno, mi viaje también incluyó leer la Biblia y aprender lo que significa realmente la gratitud. Un versículo de los Salmos me abrió los ojos: «El que me ofrece su gratitud, me honra» (Sal. 50:23, NVI). Dar gracias a Dios es honrarlo, reconocer lo que Él ha hecho. Cuando nos damos cuenta de lo misericordioso que ha sido el Señor con nosotras y de la magnitud de nuestra salvación, dar gracias debería ser la respuesta natural del corazón. Jesús estaba llamando la atención sobre ello no solo al samaritano limpio, sino también a Sus discípulos, que observaban cómo se desarrollaba el episodio.

Los diez leprosos acudieron a Jesús en busca de sanidad, pero el último versículo revela que el samaritano recibió más de lo que pedía. Jesús dijo al hombre: «tu fe te ha salvado»(RVR1960), «te ha sanado»(NVI). La palabra griega para *salvado* es *sozo*, una palabra utilizada en el Nuevo Testamento para hablar de la salvación del pecado.[3] Su curación fue más allá del ámbito físico. El poder de Jesús no solo transformó su cuerpo, sino también su corazón.

Haz una revisión sincera a tu propio corazón. ¿Dirías que tu vida es un sacrificio de acción de gracias que da gloria a Dios? ¿Cuándo fue la última vez que te tomaste un momento para reflexionar sobre la misericordia de Dios y darle gracias? Utiliza el espacio siguiente para escribir una oración de gratitud al Señor. Ora también para que Él te ayude a vivir una vida de acción de gracias.

PRIMERA SEMANA | SEGUNDO DÍA

Juan 3:1-21

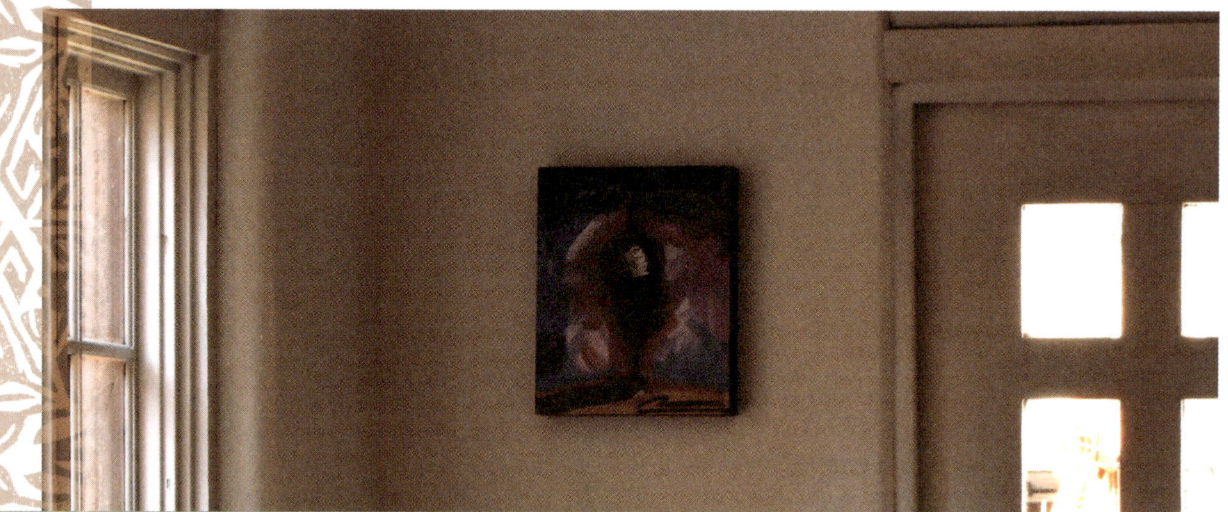

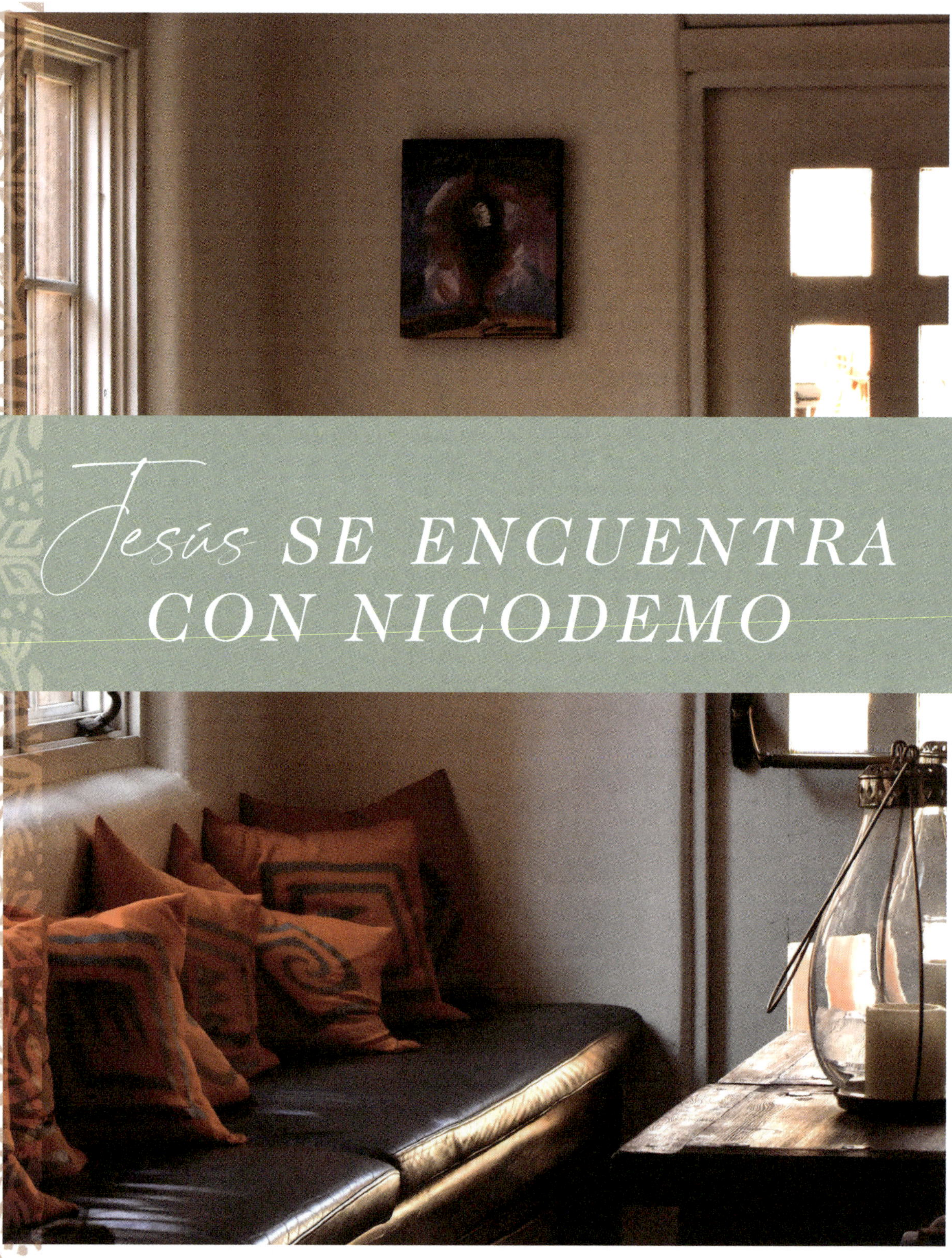

Jesús SE ENCUENTRA CON NICODEMO

por April Rodgers

Imagina que te encuentras en una gran habitación oscura, llena de obstáculos. Te dicen que encuentres una salida diferente a la que entraste. Extiendes tus manos mientras te tambaleas, tratando desesperadamente de encontrar la salida. El pánico empieza a cundir cuanto más buscas. Pero, de repente, la luz ilumina la habitación y puedes ver claramente la otra salida y el camino para llegar a ella.

A veces, estudiar la Escritura puede parecer un poco como encontrar el camino en una habitación oscura. Pero Dios nos ha dado Su Espíritu para que nos guíe a toda verdad. Oremos para que los ojos de nuestros corazones se iluminen hoy para recibir la lección que el Espíritu tiene para nosotras. ¿Y quién mejor para enseñarnos que el propio Maestro Supremo? Del mismo modo que Jesús se tomó el tiempo para explicar el misterio de la salvación a Nicodemo, la misma oportunidad se nos ofrece a nosotras. Acerquemos una silla a la mesa de la gratitud y aprendamos del Maestro.

LEE JUAN 3:1-21 y presta especial atención a estas palabras repetidas: *nacer, Espíritu, creer, luz.*

Nicodemo era un hombre importante: fariseo, gobernante de los judíos, con prestigio y autoridad. Había dedicado muchos años al estudio de la Escritura y a enseñarla a otros. A pesar de todo, acudió a Jesús en busca de respuestas, deseando saber más. Sabía que Jesús era un hacedor de milagros, pero Nicodemo llegaría a conocer a Jesús como mucho más que eso. Cuando Jesús empezó a revelar quién era realmente y Su propósito de venir a la tierra, Nicodemo luchaba por comprenderlo. Sus ojos terrenales lo mantenían en la oscuridad.

¿Has deseado alguna vez conocer las cosas profundas de Dios, pero cuando abriste tu Biblia, lo que encontraste te pareció extraño o confuso? Explica.

¿Alguna vez se encendió la «luz» para que pudieras discernir lo que la Palabra de Dios estaba diciendo? Explica.

Mientras Jesús explicaba pacientemente el proceso de salvación a Nicodemo, utilizó el término *nacer de nuevo*. A Nicodemo le costó entenderlo porque sabía que, en el ámbito natural, este concepto era imposible. Pero si escarbamos un poco más, descubrimos que esta frase *nacer de nuevo* también puede traducirse *nacer de lo alto*.[4] Jesús pasó a hablar de este nuevo nacimiento de una manera diferente.

¿Cómo describió Jesús el nuevo nacimiento en el versículo 5?

Jesús no hablaba de dos acontecimientos separados (nacer del agua y del Espíritu), sino de una combinación de dos cosas para dar lugar al nacimiento espiritual. Así lo describen los profetas del Antiguo Testamento.

> Porque derramaré aguas sobre
>
> el sequedal, y ríos sobre la tierra árida;
>
> mi Espíritu derramaré sobre tu generación,
>
> y mi bendición sobre tus renuevos.
>
> *ISAÍAS 44:3*

Este concepto está especialmente claro en Ezequiel 36:25-27. Léelo y resume cómo se describe el nuevo nacimiento.

LEE 2 CORINTIOS 5:17. ¿Cómo describió Pablo lo que ocurre cuando nacemos de nuevo?

Suena maravilloso, ¿verdad? ¿Quién no querría que las partes viejas y crujientes desaparecieran y recibir una vida nueva y fresca? Sin embargo, *nacer de lo alto* requiere confianza. Debemos creer que Jesús es quien Dios dice que es.

VUELVE A LEER JUAN 3:14-18 y responde a las siguientes preguntas.

¿Cuál es la relación de Jesús con Dios Padre y cuál era Su misión en la tierra?

¿Cuál es el verbo de acción repetido en este pasaje?

¿Qué recibimos si creemos que Jesús es el Hijo de Dios?

Creer es algo sumamente importante para Dios. No basta con que reconozcamos que Jesús fue un buen maestro o un hacedor de milagros. Dios quiere que lo encontremos digno de confianza y que, a su vez, depositemos en Él toda nuestra fe. El deseo de Dios es que aceptemos Su regalo gratuito de salvación y que no lo dejemos de lado en busca de algo mejor. Él quiere que sepamos cuánto nos ama profundamente, porque en el fondo de todo, el amor siempre ha sido Su motivación.

Cuando era pequeña, me encantaba jugar con las muñecas Barbie®, vistiéndolas con los vestidos y zapatos más elegantes. Mi mejor amiga tenía una *Barbie Dreamhouse®* [La casa de ensueño de Barbie] con un ascensor que podía trasladar a Barbie del primer piso al segundo, y a mí me parecía la cosa más magnífica. Quería tener una igual. Así que le pedí a mis padres mi propia *Barbie Dreamhouse* para Navidad. Mi padre trabajó muchas noches en el garaje, (mucho después de que yo ya me había ido a la cama), para construirme una casa de Barbie de madera auténtica, forrando las paredes con retazos de elegante papel pintado y dándole a Barbie una alfombra de felpa para que descansaran sus altos pies arqueados después de un ajetreado día de disfraces.

Cuando llegó la mañana de Navidad, corrí al salón con la esperanza de ver el regalo que mi corazón deseaba, pero en lugar de la casa de ensueño de Barbie®, allí estaba la creación de mi padre. Me quedé desolada al ver que la casa de Barbie no tenía ascensor ni escaleras. ¿Cómo se suponía que iba a moverse de una habitación a otra a menos que la moviera yo? Mis ojos no podían ver el hermoso regalo que tenía delante y que era diez veces mejor que la alternativa de plástico barata. Estoy segura de que a mi padre le destrozó verme rechazar su regalo hecho con amor porque yo anhelaba algo inferior.

Nuestro Padre celestial nos ha hecho un regalo que no tiene precio. Porque Dios nos amó tanto a ti y a mí que nos dio a Su único Hijo para rescatarnos de una vida de oscuridad y pecado. Pero, en última instancia, tenemos que decidir creer en Jesús. El regalo de la vida eterna ha sido dado. La pregunta es: ¿lo recibiremos?

Amiga, si nunca has puesto tu fe en Jesucristo como tu Señor y Salvador, hoy es el día. Arrepiéntete de tus pecados y cree en Él. Permítele infundir nueva vida en ti y hacer que tu espíritu cobre vida como una nueva creación. Acepta Su regalo gratuito de amor y vida eterna. (Para obtener más información y orientación sobre esta decisión, consulta «Invitación a seguir a Cristo» en la página 141).

Escribe tu respuesta a Su regalo a continuación.

Si ya has recibido a Jesús como Hijo de Dios, escribe una oración de gratitud por todo lo que Él ha hecho por ti. Pídele que fortalezca y haga crecer tu fe en Él, a medida que sigues reconociendo Su grandeza.

Al final, Nicodemo llevó su propio regalo a Jesús. Juan relata que Nicodemo ayudó a José de Arimatea a sacar el cuerpo de Jesús de la cruz y ponerlo en la tumba del jardín (Juan 19:38-42). Mientras ungía el cuerpo del Hijo de Dios con mirra y áloes, me pregunto si Nicodemo reflexionó sobre su conversación anterior, en la que «nacer de nuevo» parecía imposible. Lo que Nicodemo pronto descubriría es que ¡nada es imposible para Dios! Porque dentro de tres días, la Luz volvería a atravesar las tinieblas cuando Jesús resucitara de la tumba. En el fondo, la motivación era el amor. Por ello, podemos estar verdaderamente agradecidas.

Salmo 136

PORQUE SU *hesed* PERDURA PARA SIEMPRE

por Irene Sun

e llamo «Khesed», dije mientras sonreía a la enfermera de partos, una mujer alta y amable de pelo canoso, que estaba en la sala de partos.

«¿Qué significa?», preguntó.

«*Khesed*, o *hesed*, significa *amor inquebrantable* en hebreo», le expliqué mientras ella transfería suavemente a mi recién nacido a mis brazos. El llanto cesó de inmediato.

Desconcertada, la enfermera respondió: «Soy judía, y la palabra *amor* en hebreo es *ahav*».

Ella tenía razón. *Hesed* no es amor, no en el sentido normal. *Hesed* es diferente. Más que un sentimiento, *hesed* es un acto.[5]

LEE EL SALMO 136 CON ESTAS PREGUNTAS EN MENTE.

1	¿Por qué damos gracias?
2-3	¿Por qué Él es quien es?
4-9	¿Por qué creó el universo?
10-16	¿Por qué liberó a Su pueblo?
17-22	¿Por qué proporcionó un hogar a Su pueblo?
23-25	¿Por qué nos recuerda ahora?
26	¿Por qué damos gracias?

La respuesta resonante de principio a fin es: Su amor fiel perdura para siempre. En hebreo, la frase repetida se compone de dos palabras, *olam* (para la eternidad) y *hesed*. Debido a la profundidad y amplitud de *hesed*, diferentes traducciones de la Biblia presentan *hesed* de manera diferente.

NTV: Su **FIEL AMOR** perdura para siempre.

RVR 1960: porque para siempre es Su **MISERICORDIA**.

DHH: Porque Su **AMOR** es eterno.

NVI: Su gran **AMOR** perdura para siempre.

En la Escritura, hay cuatro rasgos distintivos de *hesed*:

- *Hesed* es un acto de fe, basado en una promesa establecida, en el cumplimiento de un pacto.
- *Hesed* responde a una necesidad urgente de quienes lo reciben.
- *Hesed* es un acto salvador hacia una vida que depende de la misericordia de otra persona.
- *Hesed* es un acto gratuito y extraordinario de generosidad.

Hesed es el amor vivificante, inmutable y salvador de Dios. Él no «nos ama hasta la muerte». Él nos amará más allá de la muerte.

Rahab y los dos espías de Josué 2:12, por ejemplo, se prometieron mutuamente mostrarse *hesed*. Se comprometieron a salvar la vida del otro: «Nuestras vidas por las vuestras», ¡incluso hasta la muerte! (Jos. 2:14). Eran extraños entre sí. No tenían sentimientos previos de amor mutuo. Estaban haciendo *hesed* sobre la base de una promesa establecida. Estaban cumpliendo sus votos cuando se salvaron la vida mutuamente y respondieron a una necesidad urgente.

Hesed es el fundamento de por qué Dios crea y la razón de por qué salva. *Hesed* distingue a Jehová de todos los demás dioses. Es el núcleo de Su carácter. Es un Dios que cumple Su palabra. No solo desea salvar, sino que es capaz de hacerlo. Amor infinito con poder infinito. No hay nadie como Él.

¿Cuál es el efecto de que el estribillo se repita en cada dos líneas?

La salvación, en este salmo y en toda la Escritura, no consiste simplemente en salvarse de la muerte. El pueblo de Dios es salvado para estar con Dios, para tener una relación con Él. Jehová es el destino de nuestra salvación. Si no queremos a Jehová, no queremos la salvación. *Jesús*, o *Yeshua*, significa *salvación* en hebreo.

No hay Dios como Jehová. Él es el Dios de los dioses. Es el Señor de los señores. Se distingue de todos los demás ídolos por Su bondad. El Salmo 136 relata las formas en que Dios muestra Su bondad.

¿Por qué medios creó Dios el universo (vv. 4-9)?

Se nos recuerda que *solo Jehová* hace grandes obras. *Solo Jehová* creó las grandes maravillas. No con fuerza ni con poder, sino con Su sabiduría. Jehová no es un ser humano, pero es una persona y tiene mente. En el mundo antiguo se adoraban objetos inanimados de la naturaleza, como la piedra, la madera y el metal. A diferencia de estos falsos dioses, Jehová creó grandes maravillas —la tierra, el mar y las estrellas— simplemente mediante Su palabra.

En los versículos 10-16, el salmista relata cómo Dios liberó a Su pueblo de la esclavitud. ¿Por qué lo hizo? por Su amor fiel, firme y eterno. La liberación del pueblo de Dios se basó en la promesa de Dios a Abraham, cumpliendo así un pacto. La necesidad era urgente, pues el faraón estaba matando a los niños y el pueblo de Dios clamaba en su sufrimiento. El éxodo fue un acto de gran generosidad, realizado para un pueblo desagradecido y a menudo quejumbroso. Incluso acusaron a Dios de matarlos.

Luego, en los versículos 17-22, vemos que Dios no solo liberó a Su pueblo, sino que también le proporcionó un lugar, una tierra prometida.

¿Cómo muestra la muerte de estos reyes el *hesed* de Jehová?

En Génesis 15, Dios hizo un pacto con Abram. Abram no solo tendría descendencia (entonces no tenía hijos), sino que su descendencia heredaría una tierra. Dios cumplió Sus promesas cuando derribó a los reyes que ocupaban la tierra y dio la tierra a Israel como herencia.

El salmista nos trae de vuelta al momento presente en los versículos 23-25. Jehová se acuerda de nosotros aquí y ahora. En el presente, nos sentimos abatidos y desanimados. Ahora mismo, tenemos enemigos de los que necesitamos ser rescatados. Actualmente, somos seres terrenales que necesitamos alimento. Incluso aquí y ahora, Su fiel amor perdura para siempre.

En el versículo 26, el salmo termina exactamente como empezó, dando gracias. Se trata de un recurso literario llamado «inclusión». *Hesed* es un acto que podemos hacer por otro ser humano y es un acto que Dios puede mostrarnos, pero nosotros no podemos mostrar *hesed* a Dios. Dios no necesita nada y Su vida nunca corre peligro. Pero en Su bondad, nos da la dignidad de responder a Su amor dando gracias.

Enumera cinco momentos buenos que hayas enfrentado y que te hayan acercado a Jehová.

Enumera cinco momentos difíciles que hayas enfrentado y que te hayan acercado a Jehová.

Menciona cada una de esas cosas en voz alta, repitiendo el estribillo «Su amor fiel permanece para siempre» después de cada una.

Como se ha mencionado, Jehová es el destino de nuestra salvación. No nos salva simplemente del peligro, sino que nos salva para estar con Él. Nos salva para tener una relación con nuestro Creador. Nos salva para estar en comunión con nuestro Salvador y Amigo.

Él es constante, inmutable y digno de nuestra confianza. Él es el mismo ayer, hoy y siempre. Él nos salvó. Nos está salvando. Nos salvará. Gracias a *hesed*.

PRIMERA SEMANA | CUARTO DÍA

Efesios 2:1-10

Vivo CON CRISTO

por Christina Zimmerman

El año anterior a la muerte de mi padre, él me dijo en voz baja que no estaría vivo al año siguiente. Le respondí con un movimiento de cabeza y traté de tranquilizarlo diciéndole que estaría bien. Pero él sabía que no era así. La diabetes y la hipertensión que causaban estragos en su cuerpo dictaban resultados desesperanzadores en su mente. Él aceptaba esos desenlaces, pero yo no. Mi padre creía en Cristo y sabía adónde iba después de la muerte, pero yo quería que mi padre viviera.

En aquel momento, aún no había aprendido lo que Pablo enseña en el libro de Efesios sobre el poder de la muerte a la vida disponible para todos los que confían en Cristo. Como creyente, mi padre terrenal conocía el poder de resurrección de Dios tanto en el presente como en el futuro. Pablo oraba para que todo cristiano conociera este poder (Ef. 1:17-23). Luego explica de manera sencilla y hermosa, cómo se produce esa transformación de muerte a vida.

LEE EFESIOS 2:1-3.

La carta de Pablo a los Efesios ofrece a los lectores una visión general de la obra de la gracia de Dios a la humanidad. Muestra que mediante la muerte, sepultura y resurrección de Cristo, hemos sido redimidos de los pecados pasados, presentes y futuros. Además, Pablo aclara lo que éramos antes de venir a Cristo, lo que tenemos en el presente y lo que tendremos en el futuro.

En los versículos 1-3, Pablo describe cómo andábamos por el mundo antes de que Jesús entrara en nuestros corazones. En el versículo 1, dice que estábamos muertos en delitos y pecados. Antes de convertirte en cristiana, es posible que pasaras por muchas circunstancias difíciles: económicas, físicas o relacionales. Pero la mayor adversidad de tu vida en aquel momento, era que estabas muerta. Estabas viva, pero espiritualmente muerta. Esto te hacía estar muerta ante Dios. Efesios 4:18, NBLA describe cúal era nuestro estado antes de Cristo: «tienen entenebrecido su entendimiento, están excluidos de la vida de Dios».

En el versículo 2, Pablo nos muestra que antes de conocer a Cristo, seguíamos los caminos del mundo. No sólo, estábamos muertos espiritualmente, sino que caminábamos y vivíamos en pecado. Sin Cristo, vivíamos en el reino de Satanás, «conforme al príncipe de la potestad del aire», que influía en nosotros para que anduviéramos en contra de los caminos de Dios. Vivíamos según nuestros propios deseos pecaminosos (v. 3).

Describe tu vida antes de ser creyente. Incluye cómo veías a Dios, la Iglesia y los cristianos en ese momento. Si te resulta difícil recordarlo porque llegaste a Cristo siendo niño, describe qué te llevó a acudir a Él.

¿Cómo habría moldeado tu vida tu pasado si no te hubieras convertido en una seguidora de Cristo?

Pablo explicó claramente que, sin Cristo, estamos espiritualmente muertos en el pecado, incapaces de salvarnos por nosotros mismos y sujetos a la ira de Dios.

LEE EFESIOS 2:4-7. ¿Qué dijo Pablo que Dios ha hecho por nosotros?

¿Qué motivó a Dios a actuar en nuestro favor?

Los versículos 1-3 presentan una descripción de nuestro pasado oscuro y sin esperanza. «Pero Dios» (v. 4), intervino en nuestra condición desesperada y pecaminosa. Pablo compartió que Dios, quien es «rico en misericordia», nos dio la vida. Lo hizo «por su gran amor» (v. 4). Merecíamos la ira de Dios, pero «Porque de tal manera amó Dios» (Juan 3:16) se hizo realidad. Ese es el milagro de la salvación.

El mismo poder que resucitó a Cristo de entre los muertos nos ha dado vida espiritual. Como se nos ha concedido una nueva vida espiritual, podemos tener una relación con Dios. Podemos conocerlo íntimamente. Podemos leer la Biblia y comprender lo que Dios nos dice.

¿Qué otros aspectos de tu vida y de tu forma de pensar cambiaron cuando fuiste vivificada espiritualmente? ¿Cuál ha sido el beneficio de estos cambios? (Consulta los vv. 6-7 para ayudarte con tu respuesta).

En el versículo 6, Pablo resalta las bendiciones de la salvación de manera progresiva. Afirmó que hemos sido resucitados juntamente con Cristo; es decir, que hemos sido unidos a Cristo en Su vida resucitada. Dios también «nos hizo sentar en los lugares celestiales» (v. 6). Pablo quería que los creyentes supieran que nuestra ciudadanía está en el cielo (Fil. 3:20). Todavía no estamos allí físicamente, pero sí espiritualmente. Ya no somos de este mundo; estamos con Cristo, incluso ahora. Y como estamos unidos a Cristo, lo que es verdad de Él también lo es para nosotros. Pablo quería que supiéramos que los beneficios de estar vivos en Cristo no son solo algo que esperamos en el futuro, sino algo que disfrutamos ahora: bendición, seguridad, honor y responsabilidad.[6]

Describe el gozo que sientes debido a tu relación eterna con Cristo.

LEE EFESIOS 2:8-10. Vuelve a escribir estos versículos con tus propias palabras.

En los versículos 8-10, Pablo se centró en tres temas: la gracia, la salvación y la fe.

GRACIA. Pablo utilizó la palabra *gracia* doce veces en Efesios. En tiempos de Pablo, significaba agrado, favor o gratitud.[7] Sin embargo, adquirió un nuevo significado para los cristianos. La palabra se utilizó aquí para describir la absoluta generosidad que Dios mostró hacia los pecadores, a pesar de que no la merecíamos (y seguimos sin merecerla).

SALVACIÓN. Pablo utilizó la palabra «salvados» en estos versículos para referirse a los diversos aspectos de nuestra salvación. La utilizó para indicar que la *salvación* que se logró en el pasado sigue repercutiendo en nuestras vidas en el presente. En otras palabras, la salvación es una condición permanente. Y como subrayó Pablo en los versículos 8-9, la salvación no es algo que se conceda por las buenas obras. No es un logro; es un regalo.

FE. Esta palabra se refiere a una apertura total para recibir a Dios y los beneficios de la salvación en nuestras vidas. Aceptamos con confianza lo que Dios nos ha proporcionado.[8] Nuestra fe no nos salva. La gracia de Dios nos salva. La fe es el medio por el que recibimos Su gracia.[9]

Por último, Dios tiene un propósito al salvarnos. Somos obra Suya (v. 10). Somos una obra de arte que Dios está diseñando. Día a día, nos está transformando a imagen de Su amado Hijo. Y como Cristo vino a servir, estamos siendo renovados para servir a Dios y a los demás. Este ha sido el plan de Dios para nosotros desde el principio. La gracia transformadora de Dios se reflejará en nuestras acciones, haciendo obras que le sean agradables.

¿Cómo explicarías Efesios 2:1-10 a un amigo que no conoce a Jesús? ¿Cuáles serían tus temas de conversación?

Toda la gloria de nuestra salvación corresponde a Dios. Nacimos espiritualmente muertos en un mundo pecaminoso, destinados a pasar la eternidad separados del Dios que nos ama. Pero Dios, que es rico en gracia, envió a Su Hijo para que fuera castigado en nuestro lugar. Esta verdad debería movernos a vivir vidas llenas de gratitud, dando gracias a Dios no solo con nuestras palabras, sino con nuestra forma de vivir. Es la respuesta correcta a todo lo que Dios ha hecho.

PRIMERA SEMANA | QUINTO DÍA

Colosenses 1:9-12

LA *gratitud* RECONOCE LA OBRA DE DIOS

por Cynthia Hopkins

El cero por ciento de las mujeres que han visto la portada de este estudio lo han hecho pensando: «Realmente no sé si la gratitud es tan importante». Por supuesto, no se ha realizado una encuesta o sondeo para confirmar esa estadística, pero tiene que ser precisa, ¿no? Después de todo, la importancia de la gratitud es una verdad universalmente aceptada. Una búsqueda en internet de citas sobre la gratitud lo demuestra: cristianos, hindúes, judíos, universalistas, mormones, musulmanes, budistas e incluso ateos, buscan identificar razones para estar agradecidos. En todos los idiomas, una de las primeras cosas que los padres enseñan a decir a los hijos es, «gracias». Millones de espectadores sintonizan las ceremonias anuales de entrega de premios para saber quién será galardonado y cómo expresará su gratitud. Los estadios llenos de aficionados al deporte estallan espontáneamente en aplausos y gritos de agradecimiento cuando los deportistas se destacan.

La gratitud es *agradable*. Todos lo sabemos; por eso nos reunimos en familia en *Acción de Gracias*. El «Día de los amigos» también se ha convertido en una práctica popular. No es porque nos guste tanto el pavo que queramos comerlo al horno el jueves con nuestras familias y luego frito el viernes con nuestros amigos más íntimos. No, es simplemente porque apreciamos *tanto* la gratitud.

Entonces, si la gratitud es un valor universalmente aceptado, ¿por qué necesitamos que nos animen a abrazar y practicar ese valor?

El hecho es que, aunque valoremos la gratitud, nos cuesta practicarla en la vida cotidiana. Tenemos la tentación de centrarnos más en los logros, las relaciones, los objetivos, el estatus y las posesiones que deseamos y que no tenemos. Estamos mayormente preocupadas por lo que creemos que merecemos. Por eso, la gratitud que la mayoría de la gente conoce y practica es una versión distorsionada y menor, marcada principalmente por el sentimentalismo o la rutina. Pero el sentimentalismo y la rutina no son en absoluto lo que la Palabra de Dios fomenta u ordena.

Decir «gracias» puede ser ciertamente una expresión del tipo de gratitud que Dios ordena. También lo puede ser reunirse con la familia y los amigos cada año para celebrar los motivos que tienes para dar gracias. Si cantas canciones de alabanza a Dios todos los domingos en la iglesia, eso también puede ser una expresión de gratitud. Pero esas prácticas, en sí mismas, no son lo que Dios busca. La verdadera gratitud no es un mero acontecimiento. Tampoco es solo una expresión de afecto o nostalgia. Para las personas que estaban muertas en el pecado y ahora están vivas en Cristo, la gratitud debe ser una condición continua del corazón que se manifieste prácticamente en la vida cotidiana.

Por eso, Pablo oró para que los creyentes de Colosas fueran agradecidos, y crecieran en gratitud (Col. 1:9-14). Su oración debe servir también hoy para que comprendamos y practiquemos la verdadera gratitud. Dios no nos llama a una rutina de sentimentalismo en Acción de Gracias y los domingos. Quiere que estemos llenas de gratitud en cada momento de cada día, pase lo que pase en nuestras vidas. Dios nos ha rescatado de las tinieblas y nos ha introducido en el reino eterno de Cristo (v. 13). Tenemos redención. Nuestros pecados han sido perdonados (v. 14). Qué regalo tan asombroso; ¡qué Dios tan asombroso!

Este conocimiento de Dios y la experiencia de la relación con Él cambian las cosas. Sí, Él es el Creador, y está bien estar agradecidas por las personas que ha puesto en nuestras vidas. Es bueno estar agradecidas por el pavo, el relleno, la cazuela de camote y los trabajos, las casas y cada cosa buena que tenemos, porque cada cosa buena que tenemos es la provisión de Dios. Sin embargo, Él nos llama a una comprensión más profunda. La verdadera gratitud no se limita a reconocer las bendiciones terrenales que tenemos; reconoce la obra última y eterna de Dios, que sigue siendo verdadera en cualquier circunstancia. Incluso en aquellas cosas que queremos pero no tenemos, Dios es nuestro Redentor. Y la redención es transformadora; obliga a una vida de gratitud que busca «que andéis como es digno del Señor, agradándole en todo, llevando fruto en toda buena obra, y creciendo en el conocimiento de Dios» (v. 10).

¿Qué aspecto tiene eso? ¿Cómo practicamos la gratitud bíblica más allá de escribir notas de agradecimiento y escuchar música de adoración mientras vamos a la tienda a comprar el pastel de calabaza de este año? ¿Cómo demostramos que estamos realmente agradecidas por la salvación que se nos ha dado en Jesucristo? ¿Qué oraba Pablo para que los colosenses hicieran? ¿Qué estaba, en efecto, orando para que hicieras tú?

Reconoce la obra de salvación de Dios en Jesucristo, *a Dios mismo.*

No hay otro punto de partida para practicar la gratitud bíblica. No se trata de un reconocimiento sentimental, impulsado únicamente por la emoción, ni de un reconocimiento rutinario, impulsado únicamente por la tradición, el ritual o la expectativa. Por el contrario, se trata de un reconocimiento de la verdad y la gracia, en el que la comprensión del pecado personal se encuentra con el regalo del sacrificio de sangre de Cristo en la cruz y elige seguirlo en fe.

¿Has reconocido así la obra salvadora de Dios en Jesucristo? Si no es así, ¡puedes dar ese paso ahora mismo! Utiliza el espacio de la página siguiente para contarle tu historia a Dios, a la luz de Su historia (o simplemente háblale en voz alta). Confiesa que estás muerta en pecado y que necesitas a Su Hijo Jesús para que te dé vida. Reconoce que es por Su gracia mediante la fe en Jesús, «no por ninguna buena obra que hagas», que puedes ser salva.

Reconoce que Jesús es el Señor y que murió en la cruz y resucitó para redimir tu vida. Profesa con gratitud tu decisión de apartarte de tu pecado y seguirlo.

Si hoy es la primera vez que reconoces la obra salvadora de Dios en Jesucristo, aprovecha el espacio para volver a contarle tu historia a Dios, a la luz de Su historia, como forma de practicar un estilo de vida de gratitud.

MI HISTORIA A LA LUZ DE LA HISTORIA DE DIOS

Entonces clamaron a Jehová en su angustia,
Y los libró de sus aflicciones.

SALMO 107:6

Reconoce la obra de salvación de Dios en Jesucristo y compártela con otra persona.

Toda nuestra vida debe ser una expresión de gratitud a Dios por lo que ha hecho. Y la gratitud constante reconoce la obra de Dios en todas partes: en casa, en el trabajo, en la iglesia, en tu vecindario, en tu comunidad e incluso en todo el mundo.

Si ya eres cristiana, utiliza el espacio de abajo para escribir tu historia de fe (tu testimonio) en tres o cinco frases. Después, practica cómo compartirla con otra persona, de modo que estés más preparada para reconocer la obra salvadora de Dios en Jesucristo cuando surjan oportunidades en el futuro.

MI HISTORIA DE FE

¡GRACIAS
A DIOS
POR SU DON
inefable!

2 Corintios 9:15

REFLEXIÓN

Cuando termines tu semana de estudio, dedica un momento a reflexionar lo que has aprendido y cómo se ha movido tu corazón con relación a la gratitud. Utiliza el espacio de abajo como desees: escribe una oración de agradecimiento al Señor, resume lo que has aprendido, escribe un poema, elabora una lista de aquello por lo que estás agradecida, haz un dibujo, escribe una canción, confiesa tu lucha para ser agradecida o documenta otras expresiones de tu corazón.

TIEMPO GRUPAL

Si realizas este estudio con un grupo, ten en cuenta las siguientes preguntas y prepárate para discutirlas durante el tiempo que pasen juntas. (Si diriges el grupo, consulta la guía para líderes en *lifeway.com/agradecida* para que te ayude a prepararte).

¿Cuál fue tu día de estudio favorito? ¿Por qué?

¿Qué te ha llamado la atención de esta semana de estudio personal? ¿Qué se te ha quedado grabado? ¿Qué te sorprendió o fue información nueva?

¿Qué has aprendido esta semana que te ayude a cultivar un corazón agradecido? ¿Cómo aplicarás lo que has aprendido?

Para seguir desarrollando y alimentando un corazón de gratitud, consigue un ejemplar del *Diario de Oración de Gratitud* en lifeway.com/agradecida.

SEGUNDA SEMANA

AGRADECIDA POR LA PRESENCIA DE DIOS

Ahora que entendemos la importancia de estar agradecidas con Jesús, esta semana consideraremos por qué la gratitud es una parte vital y cotidiana de cómo vivimos para Él. ¿Cómo tener una conciencia de la presencia de Dios en nuestro día a día cambia nuestra perspectiva? ¿Cómo esta nueva perspectiva se evidencia en nosotras en acción de gracias y adoración, tal como lo hizo David? O cuando Pablo nos dice que «demos gracias en todo», ¿qué quería decir realmente, y cómo lo hacemos? Descubramos juntas qué podemos aprender.

1 Crónicas 15-16

MOMENTOS *significativos*

por Emily Wickham

La presencia de Dios encierra innumerables bendiciones: el calor de Su acogida, la plenitud de Su amor y mucho más. Aunque el Señor siempre está cerca y disponible, disfruto especialmente leer la Biblia y orar en medio de la naturaleza, admirando Su creación mientras me relaciono con Él. Es asombroso pensar que el Dios del universo, el Salvador del mundo, desea tener una relación personal con cada una de nosotras. ¿No es increíble? Estoy profundamente agradecida por ello. El tiempo que pasamos en Su presencia nos brinda momentos significativos que inspiran alabanza.

Sin embargo, la experiencia de la presencia de Dios en el Antiguo Testamento era diferente a la nuestra en la actualidad. Aunque «teniendo libertad para entrar en el Lugar Santísimo por la sangre de Jesucristo» (Heb. 10:19), los santos anteriores a Cristo no disfrutaban de esta libertad. No disfrutaban de relaciones personales con Dios como las que disfrutamos nosotros. Estaban representados ante Dios por sacerdotes, más concretamente, por el sumo sacerdote. Una vez al año, en el *Día de la Expiación*, el sumo sacerdote entraba en el lugar santísimo, una parte interior del tabernáculo (más tarde el templo), para presentar un sacrificio por su pecado y el pecado del pueblo (Lev. 16). Debía tomar sangre del sacrificio y rociarla sobre el propiciatorio del arca del pacto. El arca representaba el trono de Dios[1] donde Su «presencia se posaba sobre el asiento, entre los querubines, cuando hablaba con el sacerdote».[2] Pero, ¿qué era el arca y dónde se originó?

LEE ÉXODO 25:10-22. Enumera los detalles que aprendas sobre el arca en este pasaje.

El arca era de madera de acacia y estaba recubierta de oro por dentro y por fuera. Los Diez Mandamientos «tablas de piedra escritas con el dedo de Dios» (Ex. 31:18), se encontraban en su interior, y el propiciatorio de oro, una pieza exquisita que incluía un querubín en cada extremo, cubría el arca como se indicó, una vez al año, el sumo sacerdote de Israel ofrecía la sangre del sacrificio en este propiciatorio por sus pecados y los del pueblo (Heb. 9:7), representando un día futuro en que la preciosa sangre de Cristo sería derramada en la cruz por nuestros pecados. El arca de Dios también tenía importancia porque el Señor la designó como el lugar donde se comunicaría con Moisés (Ex. 25:22).

Durante la época de los jueces, el arca fue capturada por los filisteos. La conservaron poco tiempo, porque la mano del SEÑOR «estaba contra ellos», mientras el arca estaba en su poder (1 Sam. 5:6,9). La enviaron de vuelta a Israel y tras un par de incidentes fatídicos (1 Sam. 6; 2 Sam. 6), acabó finalmente en casa de *Obed-Edom*.

LEE 1 CRÓNICAS 15.

Címbalos, arpas y liras resonaban con melodía, acompañados de gritos, cuernos y trompetas. Los cantores alzaban sus voces en señal de exaltación, y la alegría irradiaba en los rostros de la gente. El rey David había organizado esta magnífica procesión prestando cuidadosa atención a los mandamientos de Dios, lo que dio como resultado la ayuda del Señor en su viaje. Los levitas sacrificaron toros y carneros en respuesta, mientras transportaban adecuadamente el arca de Dios a Jerusalén.

Como se ha aludido antes, el primer intento de David de llevar el arca a Jerusalén resultó en la muerte de Uza. El rey no había seguido las instrucciones de Dios para trasladar el objeto sagrado, pero esta vez él y el pueblo obedecieron.

Según 1 Crónicas 15:13, ¿por qué los israelitas no supieron trasladar el arca la primera vez que intentaron llevarla a Jerusalén?

El pecado acarrea consecuencias. Aunque «no estamos bajo la ley, sino bajo la gracia» (Rom. 6:14), Dios valora la obediencia «de corazón» (Rom. 6:17). Como los israelitas, aprendamos de los errores del pasado.

Quizás te preguntes por qué el arca nos importa hoy en día, ya que los cristianos no adoramos en el tabernáculo ni en el templo. Pero hay algo hermoso que debemos ver en esta historia del traslado del arca.

David anhelaba la presencia de Dios. Aunque imperfecto, buscó repetidamente a Dios. Y como el arca albergaba la presencia de Dios, el rey se esforzó por colocarla en la capital de Israel. El arca acercaba a Dios.

Hoy, Cristo es el camino hacia el Padre. Cuando Jesús murió en la cruz, el velo del templo se rasgó de arriba abajo, indicando la aceptación por parte de Dios del sacrificio perfecto de Cristo por nuestros pecados. ¡Aleluya! Nada nos separa de la presencia de Dios. Pero a veces permitimos que el ajetreo, el egoísmo, las distracciones y otras cosas nos impidan relacionarnos con Dios.

Al igual que David, anhelemos la presencia de Dios. Busquemos diariamente Su rostro, pues Santiago 4:8 dice: «Acercaos a Dios, y él se acercará a vosotros».

¿Cómo anima el viaje del rey David al trasladar el arca, a seguir a Dios?

LEE 1 CRÓNICAS 16:1-26.

Los levitas colocaron el arca en su tienda con éxito. David había superado las dificultades para llevarla a Jerusalén y sintió un gran alivio. Había aprendido más sobre Dios en el proceso, no pudo contener su alegría. La gratitud por la presencia de Dios fluía como una cascada.

Describe una situación en la que estés intentando seguir a Dios. ¿Qué te está enseñando Él sobre Sí mismo a lo largo del camino?

Cuando el rey inició su salmo de agradecimiento, animó al pueblo a dar gracias y a buscar el rostro de Dios. También guio al pueblo para que recordara. David sabía que recordar los poderosos actos de Dios llevaría a los israelitas a admirar más profundamente a su Creador, el único Dios verdadero.

Basándote en los versículos 12-22, ¿qué hizo Dios por los israelitas?

En el versículo 24, David enfatizó contar a las naciones sobre la gloria de Dios. Su grandeza prevalece; solo Él es Dios. Del mismo modo que la existencia y el progreso de Israel daban testimonio de Dios y de Su poder, la obra del Señor en nosotras lo proclama a Él. Exaltemos abiertamente a Dios como David. Nuestro testimonio puede fortalecer a otros cristianos y llevar a otros a la fe.

Escribe en tu diario algo maravilloso que el Señor haya hecho por ti. ¿Con quién compartirás este testimonio esta semana?

LEE 1 CRÓNICAS 16:27-43.

El rey entendió la gran magnificencia que rodea al Señor, por lo que exhortó a todos a adorarlo «en la hermosura de su santidad» (1 Crón. 16:29). Los atributos de Dios inspiran una adoración llena de reverencia y honor.

¿Cuál de las cualidades de Dios en los versículos 27-36 te cautivan, y por qué?

David también señaló el deleite de la naturaleza en Dios: «alégrense los cielos, gócese la tierra, resuene el mar, alégrese el campo y cantarán los árboles». Por último, dio gracias, manifestando un círculo completo de gratitud de principio a fin. «Den gracias al Señor, porque Él es bueno; porque para siempre es Su misericordia» (1 Crón. 16:34, NBLA).

El éxito de David en la entrega del arca a Jerusalén aumentó su gratitud hacia Dios, y también lo motivó a confiar el cuidado y la protección diarios del arca a hombres calificados. El corazón agradecido del rey afectó cada aspecto de la adoración a Dios.

Nunca perdamos de vista el esplendor de Dios, mostrando reverencia mientras, «Busquen al Señor y Su fortaleza; busquen Su rostro continuamente» (1 Crón. 16:11). Al mismo tiempo, busquemos la intimidad que Él ofrece. A pesar de la santa magnificencia de Dios, Él se acerca a personas humildes. *¡Guau, podemos relacionarnos con la Majestad de lo Alto!*

Adora al Señor con gratitud escribiendo tu propia oración de acción de gracias a continuación.

SEGUNDA SEMANA | SEGUNDO DÍA

Colosenses 3:12-17

CORAZONES *agradecidos*

por Erin Franklin

Cuando mi prima pequeña, Grace, tenía unos cuatro años, ella y su familia se estaban despidiendo del resto de la familia extendida después de terminar la cena de Acción de Gracias. Una de las familias anfitrionas quería que se llevaran las sobras a casa, así que les preguntó si podía empacarles algunas vainitas verdes, camote y otras verduras y guarniciones.

«Yo me llevo ese pavo», respondió mi prima sin dudarlo. (Tienes que entender que durante la cena familiar todos se habían comido un pavo. Así que lo que mi prima estaba pidiendo llevar a casa, no eran exactamente «sobras», sino más bien un segundo pavo *entero* no comido). Amablemente, el anfitrión se lo dio. Así que la pequeña Grace salió por la puerta con un pavo entero en un recipiente más grande que ella.

Cuando mi familia cuenta esta historia, nos reímos de la franqueza de la petición de mi prima, que resultó en un regalo tan generoso. Pero cuando mi prima (que ahora tiene veinte años) y yo estábamos recordando esta historia, ella dijo que también está muy agradecida por el miembro de la familia que estuvo dispuesto a darle un regalo tan generoso a pesar de su petición infantil. Aunque disfrutó del regalo temporal del pavo, ahora, mirando hacia atrás, está mucho más agradecida por la presencia del generoso dador en su vida.

La gratitud debe ser una parte cotidiana de la vida cristiana, adorar de manera intencional a Dios con acción de gracias en el corazón y recordar las bendiciones que nos ha dado, nos ayuda a desarrollar una actitud de agradecimiento. A menudo, en la oración, utilizamos esta comunicación directa con Dios para marcar simplemente todas nuestras peticiones «buena salud, guía, perdón, etc, sin acordarnos de dar gracias al Dador por Su presencia en nuestras vidas y por las bendiciones que nos da. Aunque la Escritura nos enseña claramente que es bueno presentar nuestras peticiones a Dios, también nos enseña a hacerlo con acción de gracias (ver Fil. 4:6; Col. 1:3). Orar y adorar con acción de gracias protege nuestro corazón de desarrollar un espíritu exigente y quejumbroso.

LEE FILIPENSES 4:6-7. ¿Cómo es presentar peticiones a Dios con acción de gracias en tus oraciones?

Enumera algunas de tus peticiones de oración actuales en la columna izquierda del cuadro a continuación. Luego, en la columna de la derecha, escribe cómo puedes mostrar específicamente agradecimiento al orar por esas peticiones.

ORACIONES Y PETICIONES	*CON ACCIÓN DE GRACIAS*

Dios no siempre responde a nuestras peticiones de la forma que deseamos, pero cuando nos comunicamos con un corazón agradecido, Él nos dará la paz que sobrepasa todo entendimiento para aceptar humildemente Su voluntad. Filipenses se considera una de las epístolas de la cárcel, y tradicionalmente fechada, como escrita durante el primer encarcelamiento de Pablo en Roma. Durante este mismo período, también escribió Colosenses.

LEE COLOSENSES 3:12-17. ¿Cuáles son algunas de las características piadosas que un creyente debe mostrar?

En los versículos que preceden a esta sección, Pablo dijo a los colosenses que hicieran morir las características pecaminosas del viejo hombre, como la inmoralidad sexual, impureza, lujuria, etc. También les dijo que se despojaran de cosas como la malicia, la ira, la calumnia y la mentira. Luego, en los versículos 12-17, instruyó a los creyentes para que se «vistieran» de virtudes que reflejan una vida cristiana, como la compasión, la bondad y la humildad. Estas virtudes no se practican en el vacío. Son probadas en nuestras relaciones.[3]

Por ejemplo, busca la definición de compasión y escríbela aquí.

Compasión es:

Merriam-Webster define la compasión como «la conciencia comprensiva de la aflicción ajena junto con el deseo de aliviarla».[4] Por tanto, para mostrar compasión, debemos ver a los demás, reconocer que están sufriendo y desear ayudarlos. De forma similar a cómo se exhiben estas virtudes mediante la interacción con los demás, Pablo animó a los colosenses a ser agradecidos *juntos*, enfatizando este mandato en los versículos 15, 16 y 17.

VUELVE A LEER LOS VERSÍCULOS 15-17. ¿Cómo la gratitud es una de las formas en que adoramos a Dios?

En la práctica, ¿cuáles son algunas formas de practicar la acción de gracias y la adoración comunitaria?

En los versículos 16-17, Pablo les ordenó que dieran gracias mientras enseñaban y se animaban unos a otros cantando a Dios. Este pasaje nos ayuda a ver que un corazón agradecido y el acto de dar gracias sustentan nuestra adoración. Él comprendió que los corazones agradecidos son los que están preparados y son capaces de regocijarse plenamente en la paz de Cristo y en la alabanza de Dios.

El tema de la gratitud atraviesa toda la carta a los Colosenses. A pesar de las circunstancias difíciles de su encarcelamiento, Pablo comenzó la carta con gratitud.

VUELVE A COLOSENSES 1 Y LEE LOS VERSÍCULOS 1-8.
¿Por qué estaba agradecido Pablo?

Antes de instruir a los lectores de esta carta a practicar la gratitud, en los versículos 3:12-17, Pablo mostró cómo es un corazón agradecido. A veces resulta difícil alegrarse y estar agradecido en nuestro camino cotidiano con Cristo cuando las circunstancias actuales de la vida se sienten insoportables. El hecho de que Pablo dijera que estaba agradecido y gozoso, no significa que simplemente estuviera fingiendo una felicidad externa que de alguna manera le permitiera ignorar todos los sentimientos humanos de sufrimiento. En 2 Corintios 11:16-33, Pablo no dudó en enumerar los sufrimientos que soportó: golpes, multitud de peligros, hambre y frío, por nombrar solo algunos. Además de las penurias físicas que soportó, dijo que se enfrentaba a la «presión diaria» de su preocupación por todas las iglesias (v. 28, énfasis añadido). Sin embargo, a lo largo de sus epístolas, Pablo siempre expresó una actitud de agradecimiento y exhortó a sus lectores a hacer lo mismo.

VUELVE A LEER LOS VERSÍCULOS 4-5 EN COLOSENSES 1.
¿Notas una tríada familiar en estos versículos? ¿En qué consiste? Consulta 1 Corintios 13:13 para ayudarte con la respuesta.

Pablo creía que este trío de fe, esperanza y amor estaba eternamente unido, y este mensaje aparece una y otra vez en enseñanza (ver Rom. 5:1-5; Gal. 5:5-6; 1 Tes. 1:3; 5:8). Pablo estaba agradecido por la fe de los colosenses en Cristo y por su amor a todos los santos, ambos conocidos por su *esperanza* en la eternidad. Como esta tríada ocupaba un lugar destacado en la visión que Pablo tenía del buen carácter y la conducta cristiana, también estaba agradecido de que los creyentes comprendieran el valor de estas grandes virtudes cristianas.

Siguiendo el ejemplo de Pablo, ¿cómo puedes cultivar diariamente un corazón virtuoso de gratitud, incluso en los días difíciles?

Nadie en este mundo roto se libra del sufrimiento y las pruebas, pero como creyentes, podemos adorar a Dios con acción de gracias por la esperanza que tenemos de una eternidad libre de pecado y angustia (Apoc. 21:4). Ser agradecidas no significa renunciar al lamento. Ser agradecidas significa mantener una fe humilde, una esperanza eternamente significativa y un amor unificador que encontramos a través de la presencia de Dios cada día.

SEGUNDA SEMANA | TERCER DÍA

Salmo 118:1-18

MI *fortaleza* Y MI CANCIÓN

por Irene Sun

Toda persona viene a Jesús por un deseo. Los ciegos quieren ver. Los cojos quieren caminar. Yo vine a Jesús porque quería un amigo.

Tenía catorce años y era intimidada en el colegio todos los días. Recuerdo que todas las mañanas cantaba «Como el ciervo» antes de salir de casa. Fue la primera canción que aprendí a tocar en el piano sin que mi profesor la asignara. La letra, que habla de que Dios es mi amigo y hermano y de que Él es mi fuerza y mi escudo, me traía consuelo y paz.

En la soberanía de Dios, el Espíritu Santo me convirtió en una persona nueva aquel año. En mi anhelo de pertenecer, el Amor me encontró. Jesús se sentó a mi lado en el aula. Caminaba conmigo por los pasillos. Incluso me protegió y me defendió de los abusadores. Era mi único Amigo verdadero e inquebrantable.

El Salmo 118 da gracias a Dios por Su presencia. Él está con nosotras. No estamos solas.

LEE EL SALMO 118, NBLA.

La primera y la última línea establecen el fundamento de este salmo: «Den gracias al Señor, porque Él es bueno; porque para siempre es Su misericordia». Este recurso literario se denomina *inclusio—libris*.

¿Qué significa que Dios es bueno? ¿Es bueno como el chocolate negro? ¿Es bueno como los perros cuando obedecen las órdenes de sus dueños? ¿Es porque nos da los deseos de nuestro corazón?

¿Qué queremos decir cuando decimos «Dios es bueno»?

En Éxodo 33:19, Jehová prometió a Moisés que haría pasar Su bondad delante de él. Su bondad engloba Su misericordia, compasión, perdón, fidelidad, gracia y Su amor inquebrantable, Su *hesed*, que se mencionó no una sino dos veces cuando Jehová pasó realmente ante Moisés (Ex. 34:6-7).

Jehová es bueno porque perdona nuestros pecados y ofensas. Él es *santo*. Su presencia es como el sol, que deja al descubierto todo lo que se oculta en la oscuridad. Sabe que no somos buenas. No pasa por alto el pecado. Su presencia no es una «zona libre de juicio». En Su presencia hay juicio, pero también compasión y misericordia.

Su presencia es santa, pero también hay perdón y aceptación. Esta es la verdadera bondad, la bondad profunda, la bondad que nos atrae a Su presencia.

Observa dónde aparece el nombre Jehová en el Salmo 118. (En nuestras Biblias en español, el nombre *Jehová* está representado por la palabra Señor).

¿Cuáles son las distintas formas en que Jehová se da a conocer?

VERSÍCULOS 1-12

Jehová está en todas partes. Su nombre se repite una y otra vez en este salmo. La repetición es un método fundamental de aprendizaje. La repetición nos ralentiza y graba las palabras en el alma.

La poesía hebrea se escribe en líneas paralelas, que es el arte de repetir una idea con variaciones, de distintas maneras. Las líneas paralelas completan una idea, profundizan la comprensión y establecen contrastes. He aquí algunos ejemplos de este texto.

A // A'

Algunas líneas paralelas son sinónimas. Juntas, forman un pensamiento completo. Los versículos 6 y 7 son sinónimos: «El Señor está a mi favor» y «El Señor está por mi».

A // B // C

Algunas líneas paralelas añaden nuevas ideas a la primera línea, como una escalera. Juntas, profundizan nuestra comprensión y nos hacen avanzar. Los versículos 2, 3 y 4 profundizan en una idea. Al repetir la frase «Porque para siempre es Su misericordia», observa cómo se reduce el círculo de los que alaban a Jehová.
Israel > familia de Aarón > los que temen al Señor.

A // Z

Algunas líneas paralelas son antitéticas a la anterior. Juntas, las líneas contrastantes aclaran y comparan las ideas para ayudarnos a comprender. Los versículos 8 y 9 establecen contrastes entre confiar en el Señor y confiar en el hombre.

VERSOS 13-18

Los versículos 13 a 18 crean una forma más compleja de múltiples líneas paralelas.

A

  B

    C

      D

    C'

  B'

A'

Este patrón se denomina *estructura quiasmática*. Un *quiasmo* es un recurso literario que utiliza líneas paralelas para enmarcar lo que está en el centro.

Observa las líneas paralelas (A // A', B // B', C // C') y lo que hay en el centro de este quiasma (D). (Nota: esta es mi traducción personal del texto hebreo).

A	13 Me empujaste con violencia para que cayera, pero el Señor me ayudó.
B	14 el Señor es mi fortaleza, mi canción, mi salvación.
C	15 Voz de júbilo y de salvación hay en las tiendas de los justos.
D	La mano derecha de Jehová obra con valentía.
C'	16 La diestra del Señor es exaltada y hace proezas.
B'	17 No moriré, sino que viviré, y contaré las obras del Señor.
A'	18 El Señor me ha reprendido severamente, pero no me ha entregado a la muerte.

«Me empujaste con violencia para que cayera». ¿Quién nos está empujando? ¿Son nuestros enemigos que eran como abejas y fuego entre espinos (vv. 10-12)? Tal vez. Pero fíjate, el versículo 13 es paralelo al versículo 18. En el versículo 18, «El Señor me ha reprendido severamente» es paralelo exactamente con los tiempos verbales del versículo 13. ¿Y si el que nos disciplina es también quien nos empuja?

La ambigüedad sobre quién está empujando es intencionada, porque la respuesta puede ser ambas cosas: Dios y nuestros enemigos. A lo largo de la Escritura, Dios disciplina a Su pueblo a través de sus enemigos.

Piensa en algunos ejemplos en la Escritura donde Dios disciplinó a Su pueblo cuando Dios expulsó a Adán y Eva del jardín, cuando el censo de David provocó una plaga nacional, cuando Israel cayó ante Asiria, cuando Judá cayó ante Babilonia, cuando Dios envió a Israel al exilio. Las consecuencias del pecado provocaron pérdidas inconmensurables y un dolor inmenso. Pero estas disciplinas momentáneas fueron dadas para llevarnos de vuelta hacia Jehová, para evitar que nos separáramos de Él para siempre.

La presencia de Jehová a veces se percibe y se conoce en nuestro dolor. En el Salmo 23, David no tiene miedo, ni siquiera cuando se encuentra en el valle de sombra de muerte, porque Jehová está con él. ¿Cómo sabe que no está solo? La vara y el cayado del pastor lo reconfortan.

Damos gracias por la presencia de Jehová. La presencia de Jehová se manifiesta en Sus bendiciones. Pero, como nos dice la cantautora Laura Story en su canción «Bendiciones», a veces las bendiciones llegan a través de las gotas de lluvia y las lágrimas, a través de las dificultades y pruebas.[5]

¿Qué es difícil en tu día y en tu temporada en este momento?

La disciplina de Dios es una bendición porque revela Su amor inquebrantable, *hesed* (vv. 1-4). *Hesed* es el amor salvador, inmutable y dador de vida de Dios. *Hesed* es un acto misericordioso para salvar la vida de alguien. Nos inflige dolor y aplasta nuestro orgullo no para perjudicarnos, sino para salvarnos. Nos salva para que estemos con Él. Desea darnos a Sí mismo y hacernos santos. Su corrección nos asegura que le pertenecemos a Él. Somos Suyas y no estamos solas.

Observa el centro de la estructura quiástica de los versículos 13-18: «La mano derecha de Jehová obra con valentía». La mano derecha de Jehová que actúa con valentía es una mano atravesada por un clavo. En la agonía de la disciplina de Dios, olvidamos la herida de la mano del Pastor. Él es bueno y perdona. Cuando éramos pecadores, el Pastor «llevó Él mismo nuestros pecados en su cuerpo sobre el madero... y por cuya herida fuisteis sanados» (1 Ped. 2:24). Esto es amor.

SEGUNDA SEMANA | CUARTO DÍA

1 Tesalonicenses 5:12-24

DAR *gracias* POR TODO

por Tessa Morrell

Para comenzar el estudio de hoy, seamos sinceras. Confiar en Dios y dar gracias en todo es a veces difícil. Es absolutamente posible y vale la pena, pero a veces requiere una gran intencionalidad y una determinación feroz. Requiere un corazón rendido y confianza en el Dios en quien creemos.

Lo que estudiaremos hoy no es un aspecto fácil de la fe, pero es uno que fomenta una comunión abundante con Dios y con los demás. En última instancia, como veremos cerca del final del pasaje, Dios hará la obra en nuestros corazones porque Él es fiel. Sumerjámonos y descubramos Su Palabra para nosotras hoy.

La sección final de la primera carta de Pablo a los Tesalonicenses es una colección de exhortaciones. Está llena de breves afirmaciones de dirección y ánimo relacionadas con varios aspectos de la vida cristiana.

LEE 1 TESALONICENSES 5:12-15.

Pablo comienza esta sección de la carta dando instrucciones a sus hermanos y hermanas de Tesalónica para que reconozcan y honren a aquellos que los lideran en el Señor. En otros lugares de la Escritura, está claro que los que tienen una posición de influencia y liderazgo en la iglesia, tienen la gran responsabilidad de liderar de una manera que honre al Señor (Tito 2:7-8; Sant. 3:1). Ellos son responsables de su enseñanza, cómo lideran y la forma en que viven.

¿Cuáles son algunas de las razones por las que una persona que ejerce el liderazgo en la iglesia puede necesitar ánimo y reconocimiento?

¿De qué maneras puedes honrar a los líderes de tu iglesia?

¿Quien es el líder que te ha influenciado y ha marcado una diferencia en tu vida espiritua?

Considera la posibilidad de escribirle una nota de ánimo, dándole las gracias por amar al Señor y a ti con gran fidelidad.

Si tu historia incluye dolor relacionado con un líder o líderes de la iglesia, ora para que el Señor traiga a tu vida un ejemplo de liderazgo sano y que honre a Dios. Lamenta lo que has vivido y sigue confiando en que Dios sanará tu corazón y restaurará tu fe en Él y en quienes ha elegido para dirigir Su Iglesia.

En los versículos 14-15, Pablo da varias instrucciones breves relacionadas con las relaciones con otras personas. Enuméralas a continuación.

¿Cómo fortalecería a una familia de creyentes seguir estas instrucciones? ¿Qué beneficios tendrían estas acciones en las relaciones?

Pablo desafió a la iglesia a ministrar a aquellos que estaban luchando: los ociosos, los desanimados y los débiles. Pero luego amplió sus instrucciones animando a la iglesia a tener paciencia con todos, independientemente de lo que ocurriera en sus vidas. Y a buscar el bien en todas sus relaciones. Pablo sabía que la iglesia estaba formada por personas propensas al pecado. Sus instrucciones eran ayudar a mantener unido el cuerpo de Cristo.

LEE 1 TESALONICENSES 5:16-22.

Pablo continuó sus rápidas instrucciones a la iglesia enumerando algunas exhortaciones breves, incluida la orden del versículo 16 de «Estad siempre gozosos».

VUELVE A LEER FILIPENSES 4:4 y escríbelo en el espacio de abajo.

¿Qué crees que significa «Estad siempre gozosos» y por qué es una instrucción para el pueblo de Dios?

A continuación, en 1 Tesalonicenses 5:17, Pablo dice que «oremos sin cesar».

Hablando en términos prácticos, ¿cuáles son algunas formas de «orar sin cesar»?

El concepto de *gozarse siempre* y *orar sin cesar* fluye de forma natural hacia la instrucción de «dar gracias en todo». Una de las razones por las que nos regocijamos siempre y oramos a lo largo del día es para mantener nuestra mente fija en el Señor. Y es a partir de esa conexión con Él como nuestros corazones rebosarán de gratitud por quién es Él y por lo que ha hecho y está haciendo en nuestras vidas.

Es importante reconocer que, aunque el versículo 18 encaja perfectamente en un estudio sobre la gratitud, se sitúa en un contexto que describe varias disciplinas espirituales. La gratitud no es algo que ocurra de forma aislada, aparte de las otras formas en que crecemos en Cristo. Está interconectada con los demás aspectos de la transformación que Dios realiza en nuestros corazones mientras lo seguimos.

Otro aspecto relevante sobre el contexto de este versículo es el hecho de que Pablo escribía a un grupo de personas que comprendían las circunstancias difíciles.

En 1 Tesalonicenses 1:6, Pablo los elogió por recibir el mensaje del evangelio a pesar de la «gran tribulación». Y en 2:14, habló de los sufrimientos que habían padecido por parte de su propio pueblo. Luego, en 1 Tesalonicenses 3, Pablo explicó que había enviado a Timoteo a Tesalónica para fortalecerlos y animarlos «a fin de que nadie se inquiete por estas tribulaciones» (3:3). Cuando Timoteo llegó, se sintió alentado al descubrir que la iglesia era fiel al Señor y se mantenía firme en su fe, a pesar de sus dificultades.

Pablo no les ordenó «dar gracias en todo» porque sus vidas fueran fáciles. Les ordenó que dieran gracias en todo, sabiendo que sus vidas eran difíciles.

La gratitud es una búsqueda diaria que merece la pena. Se trata de coherencia. Damos gracias al Señor, incluso cuando la vida es difícil. Sinceramente, lo más importante es cultivar un corazón agradecido, especialmente en tiempos difíciles.

¿Cuál es una circunstancia o área actual de tu vida que considerarías una «aflicción»? ¿Cómo puedes cultivar un corazón agradecido en medio de esa situación?

En los cuatro versículos siguientes, Pablo da instrucciones adicionales para el crecimiento espiritual. Quería que los tesalonicenses se aferraran a lo que es verdadero: lo que procede directamente del Señor a través de Su Espíritu y de las palabras de Su pueblo. «Aferrarse a lo que es bueno» es una elección activa de centrarse en lo que es verdadero, bueno y honra al Señor.

LEE 1 TESALONICENSES 5:23-24.

Por último, al concluir su carta, Pablo pasó a dar una bendición y una oración esperanzadora por los tesalonicenses.

¿Cuál es el papel de Dios en el proceso de santificación?
¿Cuál es tu papel?

Creo que uno de los versículos más alentadores de este pasaje es el 24. Nos recuerda que Dios es fiel. Él nos llama, y hará el trabajo en nuestros corazones para transformarnos y ser semejantes a Jesús. No hay duda. Él lo hará. Su fidelidad está arraigada en Su carácter, por lo que nunca puede fallar.

¿Cómo te proporciona paz y confianza saber que Dios es fiel y que está trabajando en tu vida?

1 Tesalonicenses 5:12-24 está lleno de instrucciones significativas, no solo para la iglesia a la que Pablo escribía, sino para nosotros hoy.

¿Cuál es una acción de los versículos 13-15 que puedes poner en práctica en tus relaciones esta semana?

Escribe una oración de agradecimiento a Dios que esté directamente relacionada con una situación difícil de tu vida. Sé sincera con Él y dale gracias por un aspecto de Su carácter por el que estés especialmente agradecida en esta temporada.

Salmo 63:6-8

LA *gratitud* CONDUCE A LA INTIMIDAD

por Cynthia Hopkins

Me gusta pensar que soy una persona positiva: veo el lado bueno de las cosas, tiendo a ver el vaso medio lleno. Cuando estaba creciendo, ese rasgo de personalidad particular molestaba a mis dos hermanos. De vez en cuando, nos metíamos en problemas por pelearnos entre nosotros y nos mandaban a nuestras habitaciones. Sin embargo, después de unos minutos, yo soltaba lo que nos tenía completamente enfurecidos, golpeaba la pared que compartíamos mi hermano menor y yo, agarraba una pelota de tenis, abría la puerta, me sentaba y lo invitaba a jugar una partida de pelota, de puerta a puerta. Normalmente accedía, pero con el ceño fruncido durante casi todo el juego.

Aún hoy, intento dejar pasar las cosas rápidamente y centrarme en las razones para estar agradecida. Sé que esas razones son innumerables en Cristo. El problema es que la vida se ha vuelto mucho más dura que las disputas infantiles con mis hermanos. Hacer rodar una pelota de tenis de un lado a otro ya no tiene el poder de reparar el daño que causan las personas y las circunstancias difíciles. Así que, aunque tengo muchos motivos para estar agradecida, mi mente a menudo toma una dirección alternativa. Supongo que estarás de acuerdo: cuando la vida nos da limones, nuestra primera inclinación no suele ser hacer limonada. ¡Es lanzar esos limones a los ojos de alguien!

Esa es una de las razones por las que me encantan los salmos. En ellos encontramos al pueblo de Dios entonando cánticos de alabanza de agradecimiento, incluso cuando la vida era difícil. Esto no quiere decir que siempre fueran optimistas o eligieran el camino amable. El rey David reconoció sinceramente su deseo de que Dios hiciera cosas mucho peores a sus enemigos que exprimirlos como limones. Pero al mismo tiempo, David descansó en la presencia de Dios y se mostró *agradecido.*

EN EL SALMO 63, encontramos ambas realidades en una misma circunstancia. Tómate un minuto para leerlo.

David estaba huyendo en el desierto, muy probablemente de su hijo Absalón, quien intentaba matarlo. Fue una de las temporadas más difíciles de la vida de David. Pero en aquella temporada, David se afligió y alabó a Dios con gratitud. A medida que David se relacionaba con Dios de esas formas aparentemente opuestas, su relación con Dios se hacía más íntima. Aunque física y emocionalmente se encontraba árido y desolado, descubrió que podía estar espiritualmente satisfecho porque Dios estaba con él.

Nunca he huido de enemigos literales en el desierto, pero puedo identificarme con David en un sentido más figurado. Tras la pandemia y solo dos semanas después de mudarme a una nueva ciudad, me diagnosticaron dos aneurismas cerebrales, ambos en peligro de ruptura. Aquel descubrimiento fue notablemente providencial, y me sentí ciertamente agradecida a Dios. Al mismo tiempo, fue una experiencia bastante desafiante. Estaba en una ciudad nueva, en una iglesia nueva, intentando hacer nuevos amigos. Y a lo largo del año, me sometieron a cuatro intervenciones distintas para tratar los aneurismas, siendo la última una cirugía cerebral mayor con un largo periodo de recuperación.

Como la pandemia había retrasado las intervenciones quirúrgicas seis semanas enteras, ese fue el tiempo que tuve que esperar para mi intervención. No necesité un gran discernimiento para reconocer que durante esas semanas, habría momentos en los que mis pensamientos tomarían un rumbo equivocado, hacia las dos o las tres de la madrugada. No quería dejar que los pensamientos distorsionados y temerosos vagaran libremente por mi mente, pero sabía que en una temporada de desierto, estos pueden entrar fácilmente y existir solos, separados de la gratitud.

Necesitaba la presencia de Dios como nunca en aquellas semanas de espera. También sabía que necesitaría la presencia de Dios el día de mi operación y en los días y semanas siguientes. Así que elegí un versículo de cada uno de los sesenta y seis libros de la Biblia, los escribí en un documento y luego los memoricé. Algunos ya los conocía; la mayoría los aprendí. Y cuando llegaron esos pensamientos erróneos, estaba preparada. La Palabra de Dios me preparó. Cada vez que tenía un momento de miedo e incertidumbre, mis pensamientos se volvían al Génesis y luego empezaba a recordar versículos hasta el Apocalipsis que me recordaban que Dios estaba conmigo. El miedo y la incertidumbre se convirtieron en gratitud.

¿Habría estado Dios conmigo incluso si no hubiera memorizado la Escritura? ¿Habría estado Dios con David aunque no hubiera meditado en la Escritura durante la noche? ¡Por supuesto! Dios no está con nosotras porque memoricemos la Escritura. Dios está con nosotras porque así es Dios. Lo que la memorización de la Escritura y la meditación hacen es ayudarnos a reconocer y admitir la presencia de Dios cuando nuestras circunstancias nos tientan a pensar que estamos solas.

La gratitud exige un cambio de perspectiva, y eso requiere intencionalidad. Así que lee la Palabra de Dios. Medítala. Memorízala. La presencia de Dios está siempre contigo, pero debes pasar tiempo con Él para darte cuenta de ello y responder con gratitud cuando lleguen temporadas difíciles.

Nadie te está pidiendo que leas sesenta y seis versículos esta semana (¡a menos que realmente lo desees!) pero ¿te comprometerías a memorizar unos cuantos? La memorización de la Escritura es una disciplina espiritual que Dios utilizará para ayudarte a practicar la gratitud mientras te señala la realidad de Su presencia.

Pablo lo expresó así en 2 Corintios 10:5: *Derribando argumentos y toda altivez que se levanta contra el conocimiento de Dios, y llevando cautivo todo pensamiento a la obediencia a Cristo.*

Entonces, ¿cómo llevar cautivo todo pensamiento? ¡Enfréntalos con el conocimiento de quién es Dios, lo que hace y lo que promete hacer! Busca los versículos que aparecen a continuación y anótalos en el espacio correspondiente. Después, elige de tres a cinco para memorizarlos.

Números 23:19

Job 19:25-27

Joel 2:13

Nahúm 1:7

Juan 16:33

Efesios 3:20-21

Judas 1:25

¡DEN GRACIAS
AL SEÑOR
porque él es bueno;
SU GRAN AMOR
PERDURA PARA
SIEMPRE!

Salmo 107:1 NVI

REFLEXIÓN

Cuando termines tu semana de estudio, dedica un momento a reflexionar lo que has aprendido y cómo se ha movido tu corazón con relación a la gratitud. Utiliza el espacio de abajo como desees: escribe una oración de agradecimiento al Señor, resume lo que has aprendido, escribe un poema, elabora una lista de aquello por lo que estás agradecida, haz un dibujo, escribe una canción, confiesa tu lucha para ser agradecida o documenta otras expresiones de tu corazón.

TIEMPO GRUPAL

Si realizas este estudio con un grupo, ten en cuenta las siguientes preguntas y prepárate para discutirlas durante el tiempo que pasen juntas. (Si diriges el grupo, consulta la guía para líderes en *lifeway.com/agradecida* para que te ayude a prepararte).

¿Cuál fue tu día de estudio favorito? ¿Por qué?

¿Qué te ha llamado la atención de esta semana de estudio personal? ¿Qué se te ha quedado grabado? ¿Qué te sorprendió o fue información nueva?

¿Qué has aprendido esta semana que te ayude a cultivar un corazón agradecido? ¿Cómo aplicarás lo que has aprendido?

Para seguir desarrollando y alimentando un corazón de gratitud, consigue un ejemplar del *Diario de Oración de Gratitud* en lifeway.com/agradecida.

TERCERA SEMANA

AGRADECIDAS POR LA OBRA DE DIOS EN Y A TRAVÉS DE NOSOTRAS

Para comenzar esta semana de estudio, veremos la historia del carcelero de Filipos en Hechos 16. En un momento de temor, el carcelero preguntó a Pablo y a Silas: «¿Qué debo hacer para ser salvo?». Gracias a la respuesta alegre y generosa del carcelero al Evangelio, así como a la enseñanza de Jesús y Pablo, se nos recuerda que el agradecimiento es una característica clave en la vida de un creyente. Un corazón agradecido también tiene enormes implicaciones en la forma en que amamos a los demás.

TERCERA SEMANA | PRIMER DÍA

Hechos 16:16-34

DAR gracias A DIOS EN LOS MOMENTOS DIFÍCILES

por Janice Gaines

En todo el país y el mundo, escuchamos opiniones sobre lo que merecemos y lo que nos pertenece por derecho. Pero esta conversación no se limita a otras personas; yo también participo en ella. ¿Qué pasaría si todos respondiéramos a la vida, incluso cuando la vida se ha visto alterada o destrozada por circunstancias fuera de nuestro control, con gratitud? ¿Cómo afectaría eso nuestras vidas y las de los demás? Hechos 16:16-34 nos muestra cómo la gratitud transformó la vida del carcelero de Filipos de manera sorprendente.

LEE HECHOS 16:16-24.

Pablo y Silas habían estado viajando y compartiendo el evangelio en Macedonia impulsados por una visión que Pablo tuvo de un macedonio pidiendo ayuda. En obediencia a Dios, viajaron a aquella zona y se quedaron unos días en Filipos, una de las principales ciudades del distrito. Según los versículos anteriores a este pasaje, ya estaban viendo resultados de su labor cuando se encontraron con una esclava que tenía un espíritu de adivinación y los seguía, gritando quiénes eran y qué hacían. La Escritura dice que lo hizo durante muchos días. En realidad, decía la verdad, pero el problema parece haber sido cómo lo decía. Esta declaración de su misión a través de las calles sin contexto no era probablemente la forma en que Pablo quería presentar el evangelio o su misión personal a los habitantes de Filipos.[1] Molesto, Pablo ordenó al espíritu que saliera de ella. Como resultado, cesaron sus poderes de adivinación y sus dueños se disgustaron porque ya no podían sacar provecho de ella.

Los dueños furiosos confrontaron a Pablo y Silas y los arrastraron ante los principales magistrados, quienes eran los responsables de mantener el orden civil del gobierno romano.

Las acusaciones de los dueños eran más instigación que verdad, al parecer para alborotar a cualquiera que los escuchara y obtener los resultados que deseaban. Cuando la multitud reunida se unió a las acusaciones, los principales magistrados desnudaron a Pablo y Silas y ordenaron que los golpearan. Tras la paliza, los magistrados ordenaron que fueran encarcelados y custodiados estrechamente. Al escuchar esta orden, el carcelero los metió en la prisión interior y les sujetó los pies con cepos. Podemos comprobar que el carcelero se tomaba en serio su trabajo.

¿Qué harías si fueras golpeada severamente, encarcelada injustamente (tanto por las normas morales como las legales), arrojada a la celda más profunda y oscura y encadenada a la pared?

Probablemente tendrías que luchar contra la frustración, la ira y los sentimientos de injusticia. Y me habría preparado con entusiasmo para defender mi caso, ya que la ley romana habría dicho que tenía uno. (En el derecho romano era ilegal golpear con una vara o encarcelar a un ciudadano romano, sin darle un juicio primero). Sin embargo, Pablo y Silas dedicaron la noche a orar y a cantar himnos.

Tómate un momento para ponerte en el lugar de Pablo y Silas. ¿Cuándo fue la última vez que te sentiste maltratada? ¿Cómo respondiste?

¿Qué diferencias ves entre las respuestas de Pablo y Silas y las tuyas?

¿Qué te ayuda a responder con gracia cuando eres tratada injustamente? ¿Cómo afecta ser seguidora de Cristo tu respuesta?

La perspectiva correcta es clave para una respuesta que honre a Cristo ante la injusticia. Si te maltratan a causa de tu fe, como les ocurrió a Pablo y Silas, recordar el motivo de tu sufrimiento puede darte fuerzas para actuar con gracia. Además, tener una visión a largo plazo ayuda a dar la respuesta adecuada. Mirar hacia el futuro, hacia un tiempo y un lugar sin sufrimiento, puede ayudarte a mirar más allá del maltrato.

LEE HECHOS 16:25-27.

Alrededor de la medianoche, mientras el carcelero dormía y Pablo y Silas adoraban, ¡un fuerte terremoto sacudió la prisión! Las puertas se abrieron y los prisioneros se soltaron de las cadenas. Esto alarmó mucho al carcelero. Él era personalmente responsable de los prisioneros, por lo que se le haría responsable de su fuga, enfrentándose posiblemente al destino letal previsto para los que estaban bajo su vigilancia (ver Hechos 12:18-19).[3]

Una vez más, ponte en el lugar de Pablo y Silas. ¿Qué harías si la persona responsable de hacerte daño estuviera a punto de «recibir su merecido» tras una intervención milagrosa del propio Dios? ¿Verías la acción de Dios como Su castigo divino a quien te hizo daño? ¿O te alejarías de la situación lo más rápido posible? ¿O tal vez preguntarías a Dios por qué intervino y qué deberías hacer a continuación? Explica.

Sigamos leyendo para ver lo que hicieron Pablo y Silas.

LEE HECHOS 16:28-34.

La respuesta de Pablo y Silas no fue normal. En vez de optar por la libertad, permanecieron en la cárcel, como todos los demás presos. Cuando Pablo se lo anunció al carcelero, este corrió inmediatamente a la cárcel, cayó a los pies de Pablo y Silas y preguntó: «¿Qué debo hacer para ser salvo?». Es interesante que él tuviera un lenguaje para algo a lo que aún no sabía cómo acceder. ¿Qué quería decir con aquellas palabras? No suplicaba por su seguridad física. Eso no estaba en cuestión, pues los prisioneros seguían allí. Lo más probable es que aquel lenguaje procediera de haber oído el testimonio de Pablo y Silas en oraciones y canciones sobre el poder salvador de Dios. ¿Cómo podría haber resumido con tanta precisión lo que necesitaba de ellos? El carcelero respondió a lo que Dios había estado hablando en su oído durante el último tiempo.

¿Qué te ha estado repitiendo Dios últimamente? ¿Cómo puedes responder en obediencia a lo que Él te llama?

La fe de Pablo y Silas y su perspectiva centrada en Cristo impulsaron su respuesta de adoración agradecida en medio de sus difíciles circunstancias. Su respuesta también afectó a quienes los rodeaban. Sus compañeros de prisión no se apresuraron a escapar, y el carcelero filipense buscó la misma salvación por la que Pablo y Silas estaban orando y cantando. El efecto no se detuvo ahí. No solo llegó la salvación al carcelero, sino también a su familia. Con la alegría y el agradecimiento recién encontrados, el carcelero cuidó físicamente a Pablo y a Silas, lavándoles las heridas y mostrándoles hospitalidad. Pasó de ser un carcelero diligente a un creyente agradecido.

Este pasaje muestra cómo nuestra gratitud por la obra de Dios en nosotras es un testimonio para los que nos rodean, y a menudo produce gratitud en ellos.
La gratitud expresada puede provocar gratitud en otros, y el ciclo sigue y sigue.

¿Cómo responderás hoy a las circunstancias que escapan de tu control? ¿Cómo puedes expresar gratitud a Dios de manera que afecte a los que te rodean?

Filipenses 1:3-11

CULTIVAR LA *gratitud* EN COMUNIDAD

por Ravin McKelvy

En los últimos años, *comunidad* parece ser una palabra de moda en nuestra cultura. En un mundo cada vez más conectado a los medios de comunicación, sentirse desconectado de relaciones genuinas parece ir en aumento. Desde los seguidores de Cristo hasta los no creyentes, muchas personas intentan encontrar la clave de una comunidad próspera. Mis amigos y yo hemos conversado a menudo sobre este tema, tratando de determinar el problema. Uno de los obstáculos más frecuentes que hemos observado es el constante sentimiento de envidia o competencia hacia los demás por lo que vemos en las redes sociales. La tentación constante de comparar o codiciar siempre está ante nosotros. Pero creo que la respuesta para combatir esto se encuentra en Filipenses 1:3-11. Este pasaje nos da un ejemplo de cómo es la verdadera comunidad en Cristo, y comienza con la gratitud.

LEE FILIPENSES 1:3-11. ¿Tu corazón se llena de gratitud cuando ves la bondad del Señor en la vida de otra persona, o te encuentras luchando contra los celos? Explica.

CULTIVA LA GRATITUD RECORDANDO

En la Biblia, vemos a menudo a Dios llamando a Su pueblo a recordar. Admitámoslo, los seres humanos somos propensos a olvidar. No puedo contar el número de veces que he olvidado dónde he dejado las cosas o qué he ido a buscar en una habitación, o incluso mis pensamientos mientras hablo. Esos incidentes son un pequeño ejemplo de mis olvidos. Pero admitiré que, a veces, también me he olvidado de la bondad de Dios o de Su fidelidad en medio de las pruebas o de agradecerle por la familia a la que me ha traído a través de Cristo.

Pablo afirma en este pasaje que daba gracias cada vez que se acordaba de los filipenses. Hace poco, comencé a llevar lo que con cariño llamo mi «libro de delicias». Cada vez que tengo una conversación enriquecedora con un amigo o aprendo algo nuevo sobre el Señor a través de Él, escribo una nota sobre esa experiencia en la aplicación de notas de mi teléfono. Al final de la semana, repaso todas las notas y las añado a un álbum de recuerdos. He descubierto que cuando miro hacia atrás y veo todos esos momentos de la semana, estoy llena de gratitud por la comunidad que el Señor me ha proporcionado. Cada día soy testigo de la fidelidad del Señor en la vida de quienes me rodean y aprendo de la obra que está haciendo en ellos. Pero sé que sería muy fácil olvidarlo si no eligiera recordarlo intencionadamente. Cultivar la gratitud requiere que recordemos, no solo la fidelidad del Señor en nuestras vidas, sino también en las vidas de nuestros hermanos y hermanas en Cristo.

¿Cómo puedes incorporar la práctica del recuerdo en tu vida diaria para cultivar la gratitud?

Utiliza el espacio siguiente para escribir algunos recuerdos de cómo la obra del Señor en la vida de las personas que te rodean ha influido en tu fe.

CULTIVA LA GRATITUD ORANDO

En este pasaje, Pablo también menciona su vida de oración por la Iglesia. Dado que vivimos en un mundo consumido por el egocentrismo y el crecimiento personal, es fácil permitir que eso también influya en nuestras oraciones. Pero Pablo oraba con gozo y agradecimiento por sus hermanos y hermanas en Cristo. Estaba agradecido por su colaboración en el evangelio y confiaba en que el Señor completaría Su obra en ellos. Cuando oramos por nuestras comunidades, debemos estar agradecidas por la forma en que Dios nos ha reunido para llevar a cabo Su obra y darle gracias por cómo está obrando en y a través de todas nuestras vidas.

Intenta programar una alarma en tu teléfono para una hora específica cada semana, para orar por tu comunidad.

Escribe una oración en el espacio siguiente por la comunidad de tu iglesia local y por la Iglesia de todo el mundo.

CULTIVA LA GRATITUD APRECIANDO

Mientras Pablo escribía esta carta, estaba en prisión. Podría haber estado guardando miedo o preocupación en su corazón por sus circunstancias, pero, en lugar de eso, les dijo a los filipenses que los tenía en su corazón. Fue capaz de cultivar la gratitud apreciándolos a ellos y a la obra que el Señor estaba haciendo en sus vidas, incluso cuando él atravesaba pruebas. Y nosotras estamos llamadas a hacer lo mismo.

Este llamado es a un contra-culturalismo radical, en el que amamos a nuestros hermanos y hermanas en Cristo, de tal manera que podemos alegrarnos de la obra que el Señor está haciendo en sus vidas, sin importar las circunstancias de nuestras propias vidas.

Apreciar a nuestra comunidad es estar genuinamente agradecidas por el obrar de Dios en sus vidas, sabiendo que todos formamos parte del mismo cuerpo. Sí, debemos llorar con los que lloran y gozarnos con los que se gozan. Pero qué misterio y qué privilegio es también poder gozarnos con los demás en medio de nuestro llanto o llorar con ellos en su regocijo. Me pregunto si veríamos crecer la gratitud en nuestras vidas si apreciáramos de verdad la obra que Dios está haciendo en los demá,s tanto como la que está haciendo en nosotros.

Otro aspecto de apreciar a los demás es expresarles gratitud. En todo el pasaje que leímos, Pablo expresó a los filipenses su gratitud, no solo por lo que el Señor estaba haciendo en y a través de ellos, sino también por su relación con ellos como su hermano en Cristo. Expresar nuestra gratitud mutua no está reservado solo para las personas que necesitan «palabras de afirmación». Todos estamos llamados a ello. Esto nos ayudará a seguir cultivando un corazón agradecido.

Envía un mensaje a algunas personas importantes en tu vida y exprésales de manera específica tu gratitud por la obra del Señor en sus vidas.

Dios está trabajando en y a través de cada miembro de Su cuerpo a nivel personal. Mantenemos un corazón de gratitud tanto en las pruebas como en los triunfos, sabiendo que el Señor está llevando a término la buena obra que ha comenzado en cada uno de nosotras. Creo que la gratitud nos ayuda a mantener la tensión de esta realidad individual y a la vez comunitaria. Estar genuinamente agradecidas por lo que el Señor está haciendo en la vida de los demás, puede ayudarnos a combatir los celos en nuestras pruebas y la codicia en nuestros triunfos. Entonces seremos más capaces de reconocer nuestra unión como hermanos en Cristo, dejando atrás aquello que nos separa. Es en nuestro agradecimiento donde puede florecer una comunidad verdadera y próspera.

Dedica unos minutos a dar gracias al Señor por la obra que hace en las vidas de los demás y a través de ellas.

Salmo 138

SU *Nombre* Y SU PALABRA

por Irene Sun

Por lo general decimos «gracias» cuando recibimos algo que deseamos. Pero los adoradores de Jehová damos gracias incluso cuando atravesamos circunstancias que no deseamos. Los incrédulos dan gracias por las cosas buenas y deseables que reciben. Sin embargo, la marca de un creyente es un corazón agradecido por todos los regalos de Dios, en todas las circunstancias de la vida, algunas de los cuales son indeseables e inesperadas.

Su nombre y Su Palabra son inmutables, independientemente de nuestras circunstancias actuales. Nuestro mejor y más elaborado plan aún queda muy lejos de la sabiduría de Dios. La gratitud por la voluntad de Dios significa confiar plenamente en Su carácter (representado por Su nombre) y Su Palabra (que revela Sus promesas). La gratitud requiere que sacrifiquemos nuestros planes, deseos y propósitos, y que creamos de todo corazón que Él está a nuestro favor. Él es firme. Él es fiel. Él es bueno.

LEE EL SALMO 138.

El encabezado nos dice quién escribió este salmo. Este es un salmo de David.

¿Quiénes fueron los testigos del canto de David (v. 1)?

Esta es la descripción de la audiencia de David:

RVR 1960: ante **LOS «DIOSES»** canto tu alabanza.

¿Por qué cantaría David ante «dioses»? Fíjate en que no está dando gracias a los dioses. Está alabando a Jehová en presencia de otros dioses.

El libro de los Salmos cuenta una historia. Cada salmo forma parte del todo; uno fluye hacia el siguiente. Para comprender el Salmo 138, debemos fijarnos primero en el Salmo 137. En el Salmo 137, el salmista se sentó y lloró «junto a los ríos de Babilonia» (v. 1). Allí, sus captores y atormentadores les exigían que cantaran, quizás como forma de burla o entretenimiento grosero. Sin embargo, el pueblo de Dios se negó. «¿Cómo cantaremos cántico de Jehová en tierra de extraños?» (v. 4). Estaban lejos del templo de Jerusalén, lejos de casa. Esta situación nos representa un cuadro conmovedor de liras colgadas de los álamos junto a las aguas de Babilonia.

¿Hubo una temporada en tu vida en la que no pudiste cantar? Explique. ¿Qué te impidió dar gracias a Dios en esa temporada?

Aqui está la estructura del Salmo 138:

1-3	David alabando a Jehová por Su carácter y Sus promesas.
4-5	Los reyes del mundo escuchan la palabra de Jehová y alaban a Jehová.
6-8	David alabando a Jehová por Su carácter y Sus promesas.

REPASA LOS VERSÍCULOS 1-3.

El Salmo 138 es la respuesta a la pregunta del Salmo 137: «¿Cómo cantaremos cántico de Jehová en tierra de extraños?». El pueblo de Dios cantó. No cantaron para entretener a sus burladores y opresores, sino para dar gracias y alabar a su verdadero Dios. Delante de los falsos dioses de Babilonia, adoraban a Jehová. Incluso en tierra extranjera, entonaron un cántico de David, el rey ungido de Dios. Se inclinaron hacia Jerusalén.

¿Cuál era el contenido de su canción? Su nombre y Su Palabra. Cantaron sobre el carácter de Jehová: Su fidelidad y verdad (*emet*), Su amor vivificante, inmutable y salvador (*hesed*). A diferencia de los dioses de metal y madera, Jehová era el Dios que hablaba y hacía pactos con Su pueblo. No hay nadie como Él.

Cuando David meditaba en el carácter y las promesas de Jehová, su alma se fortalecía. A medida que David profundizaba en su comprensión de quién es Dios de acuerdo con Su Palabra, su mundo visible se amoldaba a la realidad invisible de Jehová. Su fe crecía en proporción a la profundidad de su comprensión de Dios.

¿Cómo te fortalece la Palabra y el carácter de Jehová para dar gracias hoy?

REPASA LOS VERSÍCULOS 4-5. ¿Qué impulsó a los reyes a dar gracias y cuál era el contenido de su cántico?

Al dar gracias a Dios por el nombre de Jehová y Su Palabra, David se fortaleció para dar a conocer el nombre de Jehová y Su Palabra. En el Salmo 2, los reyes de la tierra tomaron posición y conspiraron contra Jehová (v. 2). Se les instruyó a ser sabios y regocijarse con temblor y adorar al Rey ungido para no perecer en su rebelión (vv. 10-12).

El Salmo 138 es un reverso del Salmo 2. Aquí, en el Libro V, los reyes de la tierra dieron gracias a Jehová. Los reyes de la tierra escucharon las promesas (palabra) de Jehová (nombre) y cantaron sobre los caminos de Jehová y Su gran gloria. El Salmo 138 es también un reverso del Salmo 137. Los burladores y opresores exigían cánticos al pueblo de Dios. En el Salmo 138, los enemigos entonaban los cantos de Sión.

REPASA LOS VERSÍCULOS 6-7. ¿Qué promesas encontramos en estos versículos?

¡La gracia de Dios es abundante! Los humildes y los humillados claman a Jehová, cuyos ojos miran los lugares más oscuros. Jehová ama a los humildes y resiste a los altivos. Se acerca a los humildes y desprecia a los soberbios.

Así que pide gracia, y recíbela. Pide perdón, y recíbelo. Odiamos nuestras debilidades y necedades. Odiamos tener que enfrentarnos a Satanás, al mundo y a enemigos reales. Pero estas cosas nos llevan a acudir a Dios y pedir al Señor gracia, fuerza y perdón. Nos mantienen humildes y humillados. Nos mantienen cerca de Él.

REPASA EL VERSÍCULO 8.

El versículo 8 es una oración. He aquí mi traducción: «Jehová, cumple por mí» o, «Jehová, completa para mí». La mayoría de las traducciones comienzan este versículo como una declaración «Jehová cumplirá su propósito en mí». Pero la frase «su propósito» no está en el hebreo original y fue añadida por los traductores para suavizar la frase.

Este salmo termina con dos peticiones: 1. Completa tu amor fiel en mi favor, y 2. ¡No me abandones! Quédate conmigo en mi profundo y oscuro pozo, ahora y para siempre, desde el exilio hasta la eternidad. Aquí daré gracias, y los reyes escucharán sobre ti y creerán en ti. Los reyes cantarán tu gran gloria. Cumple tu Palabra en mi vida y demuestra tu carácter.

El nombre de Jehová y la Palabra de Jehová son inmutables. Llevamos Su *nombre* y Su *Palabra* dondequiera que vayamos.

¿Qué significa ir en Su nombre y con Su Palabra? ¿Es así como enfocas tu camino de fe en este mundo? Explica.

Elisabeth Elliot escribió el libro *A través de las puertas del esplendor*, la historia de cinco jóvenes misioneros, entre ellos su esposo Jim, que fueron mártires en su intento de alcanzar a una tribu aislada de Ecuador con el evangelio. El título del libro procede de la canción *Descansamos en Ti*, que Jim y sus compañeros misioneros cantaron juntos la noche anterior a su muerte.[4]

Cierra este día de estudio meditando en las palabras de oración del tercer verso:

Vamos con fe, sintiendo nuestra gran debilidad,

y necesitando cada día más conocer tu gracia:

aun así, desde nuestros corazones, un canto de triunfo resuena,

«Descansamos en ti y en tu nombre vamos»[5]

DESCANSAMOS EN TI

Mateo 11:25-26; Mateo 26:27-28

LA GRATITUD DE *Cristo* Y LA GRATITUD SEMEJANTE A LA DE CRISTO

por Caroline Saunders

En ocasiones, en los Evangelios, Dios Hijo agradece a Dios Padre y, sinceramente, puede parecer un poco extraño. Al fin y al cabo, aunque son distintos entre sí, ambos son Dios. Así que, para nuestras mentes limitadas, la gratitud dentro de la Trinidad puede parecer un poco como: «¡Gracias, a mí!».

En nuestra confusión, es tentador apresurarnos a pasar por alto la gratitud de Jesús a Su Padre, pero tomémonos un momento para reflexionar sobre esto y considerar cómo puede impactar en nuestra propia gratitud.

A lo largo de los Evangelios, vemos al Padre y al Hijo elogiarse mutuamente. A veces se llama alabanza y a veces agradecimiento, pero son distintos matices de lo mismo: señalar la bondad de Dios. La gratitud es señalar la bondad de Dios y tomarla realmente en serio. Por ejemplo, en Mateo 11:25, tras reflexionar sobre una cualidad concreta de Dios Padre, Jesús exclamó complacido: «¡Te alabo, Padre!». En otras palabras: «¡Me alegro mucho de que Tú seas así!». O recuerda ¿Cómo reaccionó Dios Padre ante el bautismo de Jesús? Jesús ofreció una imagen de cómo iba a obedecer al Padre hasta la muerte, y el deleite de Dios Padre se derramó desde el cielo: «¡Este es mi Hijo amado, en quien tengo complacencia!» (Mat. 3:17). Cuando el Padre y el Hijo vieron al otro demostrando el carácter de Dios, quedaron maravillados.

Aquí hay algo para reflexionar: Quién es Dios es una buena noticia, incluso para Dios. Y si el carácter de Dios es una buena noticia para Él, ¡cuánto más debe serlo para nosotras!

¿Qué característica de Dios te parece una buena noticia especialmente hoy? ¿Por qué?

Volvamos a ese «¡Te alabo, Padre!», que Jesús ofreció en Mateo 11, veamos qué atributo de Dios Padre provocó ese estadillo de alabanza en Jesús, y descubramos cómo puede producir gratitud también en nosotras.

LEE MATEO 11:25-26.

Cuando consideramos el libro de Mateo en su conjunto, podemos ver lo que Jesús quiso decir con «estas cosas»: el reino al revés que Dios está construyendo a través de Jesús.

¿Qué es lo inesperado, lo «al revés» de este texto? ¿Por qué es digno de alabanza este carácter inesperado?

Jesús se encontró con muchos líderes religiosos «sabios e inteligentes» con motivaciones egoístas. Aunque afirmaban que deseaban glorificar a Dios, en realidad perseguían su propia gloria. De manera consistente, Dios no se revelaba a aquellos que buscaban su propia grandeza y querian enseñorearse de los demás. En cambio, se revelaba a aquellos que humildemente reconocían la grandeza de Dios, como lo hacían los discípulos.

¿No es tan «propio de Dios» estimar la humildad de un pescador por encima de la elevada inteligencia de un escriba entrenado? Está claro que los valores de Dios están en desacuerdo con los valores del mundo. Esto deleitaba a Jesús, probablemente porque sabía que todo apuntaba a una gloria mayor. Por ejemplo, considera este momento en la iglesia primitiva: «Cuando observaron la valentía de Pedro y Juan y se dieron cuenta de que eran hombres *sin educación ni formación, se asombraron y reconocieron que habían estado con Jesús*» (Hechos 4:13, énfasis añadido). ¡La humildad del pueblo de Dios hace que la gloria de Dios brille aún más!

¿Cómo describirías los caminos inesperados y el reino al reves de Dios? ¿Por qué éstas agradecida por ellas?

Cuando vemos el carácter de Dios, se produce gratitud en nosotras, una gratitud sustancial que puede crecer incluso en los lugares más inesperados. Pablo modeló esto poderosamente en 2 Corintios 12: 7b-10.

> «Me fue dado un aguijón en mi carne, un mensajero de Satanás que me abofetee, para que no me enaltezca sobremanera; respecto a lo cual tres veces he rogado al Señor, que lo quite de mí. Y me ha dicho: Bástate mi gracia; porque mi poder se

perfecciona en la debilidad. Por tanto, de buena gana me gloriaré más bien en mis debilidades, para que repose sobre mí el poder de Cristo. Por lo cual, por amor a Cristo me gozo en las debilidades, en afrentas, en necesidades, en persecuciones, en angustias; porque cuando soy débil, entonces soy fuerte».

Encierra las contradicciones que veas en el texto anterior. Luego, con tus propias palabras, explica la gratitud inesperada y al revés de Pablo.

Pablo no inventó esta gratitud al revés. ¡La modeló siguiendo el ejemplo de Jesús!

LEE MATEO 26:27-28. Examina el capítulo para encontrar el contexto de esta cena. ¿Por qué la gratitud es particularmente al revés e inesperada aquí?

Cuando Jesús tomó una copa y dio gracias, parecía un acto sencillo, pero estaba lleno de significado. Considera estas dos ideas:

1. A lo largo de la Escrituras, una copa se utiliza para simbolizar la ira de Dios, que sería derramada sobre Jesús unas horas después de esta oración de gratitud.

2. Jesús llamó a la copa *Su sangre*, una descripción impactante que debe haber resonado en los oídos de los discípulos mientras veían cómo la sangre de Jesús era derramada en Su crucifixión.

¿Cómo pudo Jesús dar gracias por esta copa?

Hebreos 12:2b nos ayuda a comprender por qué Jesús pudo alabar a Dios en medio de Su sufrimiento: «por el gozo que le esperaba, soportó la cruz». Aunque el sufrimiento en sí no sería gozoso, abriría el camino al gozo: Dios recibiría la gloria, ¡y la familia de Dios estaría junto a Él! Todo ello era una proclamación del carácter de Dios. ¡Él es bueno!

Haz una lista de las similitudes que ves entre la gratitud de Jesús en la última cena y la gratitud similar a la de Cristo que Pablo manifestó en (2 Cor. 12:7b-10).

A veces tenemos la tentación de utilizar la gratitud como una venda de colores que nos ponemos en la herida, diciendo de manera superficial: «¡Estoy bien! Tengo tanto por lo que estar agradecida!». Sin embargo, en su gratitud, ni Jesús ni Pablo negaron sus penurias.

¿En qué sentido la gratitud inesperada de Jesús y Pablo es más sustancial que el optimismo?

Incluso nuestras pruebas más difíciles son un medio para la gloria de Dios y la edificación de la familia de Dios. La gratitud semejante a la de Cristo nunca desprecia nuestro sufrimiento; es redentora. ¡Qué horrible sería sufrir sin sentido! El ejemplo de Jesús nos enseña que no hay sufrimiento sin sentido para aquellos que siguen al Señor.

Es más fácil comprender esta visión inesperada y al revés del sufrimiento si consideramos los opuestos dentro de nuestra historia de fe.

Nuestro Dios ilimitado asumió las
limitaciones del cuerpo humano,
para morir y que nosotros pudiéramos vivir,
para que los pecadores pudieran ser hechos justos,
para que los enemigos de Dios
se convirtieran en familia,
para que los humildes pudieran mostrar
la gloria de Dios.

Gracias a nuestro testimonio inesperado y al revés, podemos vivir con una gratitud inesperada y al revés. No se trata de aferrarnos a un falso optimismo cuando los tiempos son difíciles; nuestra fe es más sólida que eso. El ejemplo de Jesús nos muestra que la gratitud es una respuesta al carácter de Dios, un carácter que nunca cambia y que siempre es una buena noticia para nosotras.

Hoy puedes estar sufriendo, soportando los efectos de la caída, disfrutando de los buenos regalos de Dios, o alguna combinación de las tres cosas. Estés donde estés, piensa en esto: ¿Dónde ves la bondad de Dios? ¿Cómo puedes darle importancia, como lo hizo Jesús?

Santiago 1:2-4 nos ayuda a ver que incluso el sufrimiento es una oportunidad para la gratitud, porque el sufrimiento nos hace más parecidos a Jesús y eso es una buena noticia, ¡siempre! Lee el pasaje de Santiago y dedica un tiempo a la oración. Comparte tus áreas de sufrimiento con Dios y pídele que camine contigo. Pídele que redima tus tiempos de dificultad en tiempos de unión con Él. Pídele que te ayude a conocerlo más. Pídele que produzca en ti una gratitud genuina, semejante a la de Cristo.

TERCERA SEMANA | QUINTO DÍA

2 Corintios 9:6-8

LA *gratitud* PRODUCE GENEROSIDAD

por Cynthia Hopkins

Diez mil millas. Esa es la distancia que los eruditos estiman que recorrió el apóstol Pablo en sus seis viajes misioneros.[6] Para tener una perspectiva, diez mil millas es aproximadamente la distancia de vuelo en línea recta desde Sydney (Australia) a Nueva York, salvo que Pablo vivió mucho antes de que *Orville y Wilbur Wright* despegaran.[7] Y sus viajes no fueron directos. Las diez mil millas de Pablo transcurrieron por tierra y mar, con escalas intencionadas y prolongadas en al menos cincuenta ciudades. Fueron unos veintiséis años (35-61 d.C.), en los que Pablo se enfrentó a muchos peligros y sacrificó toda comodidad física al servicio de Dios y de la gente (ver 2 Cor. 11:23-28).

Teniendo en cuenta todo eso, es asombroso considerar que Pablo encontró tiempo para escribir trece cartas del Nuevo Testamento. Una vez olvidé enviar una tarjeta de cumpleaños a mi mejor amigo. No recuerdo qué ajetreadas actividades de mi vida provocaron ese olvido, pero probablemente coincidieron con la selecta temporada de baloncesto de mi hijo o con la tercera temporada de *Downton Abbey*. Lo que quiero decir es: ¿cómo encontró Pablo el tiempo? Él no tenía computadora, ni siquiera una máquina de escribir o un corrector líquido. ¿Por qué se tomaría la molestia de escribir cartas de ánimo a tantas personas, a muchas de las cuales ya había animado en persona? ¿No había hecho suficiente?

Hay un encuentro en Lucas 7:36-50 que nos ayuda a entender por qué. Un fariseo llamado Simón había invitado a Jesús a cenar y pensó que ese acto de hospitalidad en sí mismo era suficiente. Pero entonces apareció una mujer «que era pecadora» (v. 37) y, en un desgarrador acto de completa vulnerabilidad, lloró en adoración, mientras lavaba los pies de Jesús con sus lágrimas, los secaba con sus cabellos y los ungía con su perfume sumamente costoso. Simón tenía todo tipo de preguntas sobre por qué tenía lugar aquella escena en su cena. Así que Jesús contó una historia para enseñar a Simón, y a nosotras, que la verdadera gratitud cambia las cosas. Jesús lo explicó de manera clara «Por lo cual te digo que sus muchos pecados le son perdonados, porque amó mucho; mas aquel a quien se le perdona poco, poco ama» (Lucas 7:47). El simple hecho es que Simón se contuvo ante Jesús; la mujer, no lo hizo.

LA GRATITUD PRODUCE GENEROSIDAD

Como la mujer de la fiesta de Simón, Pablo no tuvo que buscar el momento o la razón adecuada para adorar a Dios. Sabiendo que sus muchos pecados habían sido perdonados, amaba mucho. Por eso Pablo recorrió diez mil millas por tierra y mar. Por eso sacrificó toda comodidad física para predicar el evangelio. Por eso, en su tiempo libre, escribió trece cartas que constituyen un tercio completo del Nuevo Testamento. La gratitud por el regalo sumamente generoso de la gracia que había recibido en Cristo, impulsó a Pablo a un estilo de vida de adoración, amando mucho, en cada momento de cada día. Mientras lo hacía, otras personas también se aferraron a la maravilla de la vida en Cristo. Cuando eso sucedía, Pablo no lo cuestionaba; simplemente se regocijaba.

LA GENEROSIDAD PRODUCE GRATITUD

Es circular. En la segunda carta de Pablo a los Corintios, encontramos un ejemplo real de esto. En 1 Corintios 16, Pablo había dado instrucciones a la iglesia sobre cómo recolectar dinero para la iglesia necesitada en Jerusalén. Evidentemente, habían estado deseosos por dar en un principio, pero parece que su interés había decaído un poco. Así pues, en 2 Corintios 8-9 encontramos a Pablo instándoles a terminar lo que habían empezado. Les animó a seguir recordando la sobrecogedora gracia de Dios y a permitir que esa gracia guiara sus acciones. Al decidir en sus corazones dar generosamente a la obra del ministerio, producirían acción de gracias a Dios en otros (2 Cor. 9:6-14).

¿Y tú? ¿La generosidad de Dios contigo produce una vida de generosidad? Si es así, ¿cómo? Si no, ¿por qué?

¿Das tu amistad libremente o te mides con cautela? Explica.

La profundidad de la relación que Pablo invirtió en las personas es algo que la mayoría de las mujeres anhelamos. Estamos agradecidas cuando la tenemos y nos atrae cuando la vemos. Piensa en Lucy y Ethel, Thelma y Louise, *The Sisterhood of the Traveling Pants [La hermandad de los pantalones viajeros]*; esos personajes de ficción son queridos porque ejemplifican nuestra propia capacidad y deseo de tener relaciones profundas con otras mujeres. ¡Podemos llegar a ser las *mejores* amigas! Pero también es cierto que a menudo nos cuesta hacer ese tipo de amigas. Pero, ¿por qué?

Creo que es porque solemos esperar a a que la otra persona dé el primer paso. Muchas de nosotras queremos tener amistades profundas, pero la iniciativa que se necesita para empezarlas nos hace sentir incómodas. Protegemos nuestros corazones. Hacemos suposiciones. Estamos ocupadas. Luchamos con la inseguridad. Mantenemos en privado nuestros pensamientos más amables en lugar de verbalizarlos, porque verbalizarlos requiere vulnerabilidad, y la vulnerabilidad puede acabar en decepción. A veces somos agradecidas y generosas con algunas personas, pero la *generosidad de espíritu* es mucho menos común entre nosotras.

Cuando alguna de estas realidades existe en nuestro corazón, la gratitud que experimentamos es una versión aplastada. Y Dios nos muestra el mejor camino. 2 Corintios 9:6 no es una verdad solo sobre las finanzas; se aplica también a nuestra administración del tiempo, a la vulnerabilidad, la honestidad y el amor en todas nuestras relaciones.

Un corazón agradecido cambia tu forma de relacionarte con Dios y con los demás, y relacionarte con Dios y con los demás generosamente producirá en ti un corazón más agradecido.

Puede que no recorras diez mil millas reales para mostrar tu gratitud por el regalo de la gracia de Dios en Jesucristo, pero puedes seguir el ejemplo del espíritu de Pablo. Revisa estas sugerencias. Luego, elige algunas para ponerlas en práctica en tu propia vida esta semana.

- ☐ Reenfoca tu gratitud. En lugar de decir: «Gracias», empieza a aprender a decir: «Doy gracias a Dios por ti».
- ☐ Lleva a comer o a tomar un café a alguien que acabas de conocer (¡incluso si eres «nueva» en la ciudad!).
- ☐ Envía una tarjeta de agradecimiento a alguien que haya sido generoso contigo de alguna manera.
- ☐ Escribe una carta de aliento a alguien que esté pasando por una circunstancia difícil.
- ☐ Haz un regalo de gratitud (como tarjetas de regalo de $5 de una cafetería favorita) a los miembros del personal de la iglesia.
- ☐ La próxima vez que vayas a un restaurante, da una propina generosa y escribe una nota de ánimo al mesero.
- ☐ Cuéntale a alguien lo que Dios te ha estado enseñando, y pídele que haga lo mismo.
- ☐ Escribe una nota de agradecimiento para tu cartero y/o déjale un regalo en el buzón.
- ☐ Deja una nota de agradecimiento o un pequeño regalo encima del contenedor de basura para los trabajadores de limpieza.
- ☐ Con familiares y amigos, no te preocupes por quién llamó la última vez. Si no sabes nada de alguien hace tiempo, llámalo tú.

BUENO

es dar las gracias

AL SEÑOR

Y CANTAR

ALABANZAS

A TU NOMBRE,

OH ALTÍSIMO

Salmo 92:1 NBLA

REFLEXIÓN

Cuando termines tu semana de estudio, dedica un momento a meditar lo que has aprendido y cómo se ha movido tu corazón con relación a la gratitud. Utiliza el espacio de abajo como desees: escribe una oración de agradecimiento al Señor, resume lo que has aprendido, escribe un poema, elabora una lista de aquello por lo que estás agradecida, haz un dibujo, escribe una canción, confiesa tu lucha para ser agradecida o documenta otras expresiones de tu corazón.

TIEMPO GRUPAL

Si realizas este estudio con un grupo, ten en cuenta las siguientes preguntas y prepárate para dialogarlas durante el tiempo que pasen juntas. (Si diriges el grupo, consulta la guía para líderes en *lifeway.com/agradecida* para que te ayude a prepararte).

¿Cuál fue tu día de estudio favorito? ¿Por qué?

¿Qué te ha llamado la atención de esta semana de estudio personal? ¿Qué se te ha quedado grabado? ¿Qué te sorprendió o fue información nueva?

¿Qué has aprendido esta semana que te ayude a cultivar un corazón agradecido? ¿Cómo aplicarás lo que has aprendido?

Para seguir desarrollando y alimentando un corazón de gratitud, consigue un ejemplar del *Diario de Oración de Gratitud* en lifeway.com/agradecida.

CUARTA SEMANA

AGRADECIDA POR LAS PROMESAS DE DIOS

Esta semana nos enfocaremos en cómo la comprensión de las promesas de Dios, especialmente Su promesa de completar Su obra en nosotras y en el mundo, nos motiva a una vida de gratitud y evangelismo. Empezamos nuestro estudio pensando en la gratitud como respuesta a la salvación y redención de Dios, y esta semana veremos la culminación de eso en la promesa de la obra completa de Dios en nosotras. Con esta imagen completa, ¿cómo no vivir cada día agradecidas a Dios por lo que es y por todo lo que ha hecho?

CUARTA SEMANA | PRIMER DÍA

Isaías 25

DIOS cumple SUS PROMESAS

por Julie Busler

En un país de Asia central predominantemente musulmán, estábamos apretujados en un autobús lleno de extraños. Siendo de manera probable la única seguidora de Cristo a la vista, recuerdo haber pensado: «Si este autobús chocara y todos muriéramos, yo sería la única que iría al cielo». Sentimientos de culpa por sobrevivir me invadieron cuando el Señor, al comenzar mi trabajo como misionera, me hizo comprender que la muerte es una puerta hacia uno de dos destinos eternos.

Ese repentino aguijón de la muerte no era nuevo para mí. Perdí a mis dos padres, uno por causas naturales y otro por su propia mano, justo antes de trasladarme al extranjero. A pesar de lo devastadoras que fueron esas pérdidas, Dios las utilizó para ayudarme a comprender que cada día muere gente sin esperanza en Cristo.

Pero, ¿cómo seguimos adelante, confiando y encontrando motivos para abrazar una vida de agradecimiento cuando nos enfrentamos a esa sombría realidad? Creo que podemos encontrar aliento en el profeta Isaías, cuyo libro puede resumirse en el significado de su nombre: «Jehová es la salvación». Isaías pronunció un mensaje en nombre de Dios a los líderes de Jerusalén y Judá, expresando el juicio de Dios sobre Israel por su rebelión, al romper su pacto con Dios. Pero su anuncio estaba matizado por un mensaje de esperanza que se ve bellamente en el capítulo 25. Estos doce versículos no solo están llenos de recordatorios de que Dios siempre cumple Sus promesas, sino que dirigen nuestra mirada hacia delante, hacia nuestro glorioso y prometido futuro.

LEE ISAÍAS 25:1-5.

El capítulo 25 comienza con una declaración de identidad. Isaías no dijo que Dios es simplemente Dios, sino que dijo: «Señor, tú eres *mi* Dios» (énfasis *mío*). El Dios de Abraham, Isaac y Jacob era el Dios de Isaías y, mediante la fe en Cristo, también es tu Dios. Incluso en el campo misionero, si otros rechazan el evangelio y te rechazan a ti, puedes considerarlo todo como gozo porque sabes que ningún rechazo terrenal puede deshacer tu pertenencia a Dios. Jesús, fiel y verdadero, te compró para guardarte. A pesar de las circunstancias difíciles, cuando un hijo de Dios vive en la seguridad de pertenencia que ha sido prometida a lo largo de la Escritura, la gratitud, siempre estará presente.

Cuando hablas sobre Dios o te diriges a Él, ¿te refieres a Él como «mi Dios»? ¿Por qué sí o por qué no?

Describe cómo recordar que perteneces a Dios puede fomentar la gratitud cuando la vida es difícil.

Isaías continúa entonces con la adoración intencional. Dice «Te exaltaré. Alabaré tu nombre». La palabra hebrea traducida *alabanza* procede de «un verbo que significa: reconocer, alabar, dar gracias, confesar, expresar. El significado esencial es un acto de reconocer las bondades de Dios en alabanza y acción de gracias».[1] ¿Y por qué alabó Isaías a Dios? El versículo 1, NBLA dice: «Porque has hecho maravillas, designios concebidos desde tiempos antiguos con toda fidelidad». Isaías no se basaba en sus emociones para alabar, sino que adoraba al Señor con determinación desde un lugar de reflexión y recuerdo. Recordar que Dios cumple Sus promesas infundió gratitud en la alabanza de Isaías. Si avanzamos hasta Isaías 46, veremos que Dios mismo dice: Que declaro el fin desde el principio,
Y desde la antigüedad lo que no ha sido hecho.
Yo digo: «Mi propósito será establecido,
Y todo lo que quiero realizaré» (Isa. 46:10, NBLA).
Cuando recordamos Su fidelidad pasada y mantenemos la mirada en la eternidad, el agradecimiento se convierte en la respuesta natural en el presente.

¿En qué momento de tu vida ha demostrado Dios ser fiel a Sus promesas? ¿Cómo te inspira eso gratitud?

Tras alabar a su Dios, Isaías declaró que parte del antiguo plan de Dios consistía en convertir la ciudad en un montón de rocas y ruinas que nunca sería reconstruida para que un pueblo fuerte honrara a Dios. La ciudad no se nombra, lo que probablemente indica que es simbólica, más que específica.[2] Algún día, las ciudades despiadadas, muy parecidas a donde yo vivía en Asia central, se volverán hacia Dios con fe. El cielo rebosará de adoradores que antes estaban en guerra con Dios y Su pueblo. Recordar esto me ha motivado a compartir acerca de Jesús con otros. Pero la fuerza motriz de todo esfuerzo evangelizador debe ser *la esperanza*. No un mero deseo, sino la esperanza de que Dios hará lo que ha prometido. Él siempre ha sido y será un baluarte y refugio para Sus santos afligidos. Cualquier prueba terrenal es terreno fértil para que crezca la gratitud cuando reflexionamos intencionadamente en la bondad y la fidelidad de Dios, como hizo Isaías.

¿Has sentido alguna vez desánimo al compartir sobre Cristo con otros? Explica.

¿En qué se diferencia la esperanza bíblica de la esperanza mundana? ¿Cómo puede ayudarte la esperanza bíblica a permanecer agradecida cuando tus esfuerzos de evangelización no parecen fructíferos de inmediato?

LEE ISAÍAS 25:6-9.

Hay un hilo de tristeza entretejido a lo largo de mi historia, tanto por las pérdidas personales como por amigos que aún no han aceptado a Jesús como Señor. Incluso Jesús lloró ante la muerte con tristeza en el corazón (Juan 11:35), lo que indica que el dolor por la muerte no significa falta de fe. Las lágrimas forman parte de la experiencia humana, pero lo que me encanta de los versículos 6-9 es que nos permiten vislumbrar el gozo venidero que se nos ha prometido. La forma en que Isaías se deleitó con esta celebración escatológica en Sión es digna de nuestra imitación. A esta gran fiesta en la cima de la montaña asistirá gente de todas las razas, naciones y lenguas. El velo de muerte y dolor, presente desde la entrada del pecado en el Edén, será destruido. La palabra hebrea que se traduce como *tragar* nos muestra la poderosa imagen de la muerte derrotada para siempre. «Dios descubre el rostro del cadáver y pronuncia la palabra de la resurrección, eliminando la desgracia de su pueblo de toda la tierra. Se levantan con poder, para no morir nunca más. La desgracia del pecado y de la muerte ha sido absorbida por la victoria» (1 Cor. 15:54).[3] El plan redentor de Dios es a escala mundial, pero también es personal.

Un día, el Señor enjugará tu última lágrima. Ese día, nos uniremos a otros de todas las naciones con regocijo y alegría diciendo: «Mirad, este es nuestro Dios; le hemos esperado y nos ha salvado» (v. 9).

Describe un momento en el que hayas sentido tristeza por la muerte de un ser querido.

¿Cómo te ayuda saber que la muerte será vencida, a sentir agradecimiento a pesar del aguijón actual de la muerte?

LEE ISAÍAS 25:10-12.

Aunque el final del capítulo pueda parecer extraño a primera vista, proporciona un consuelo infinito que inspira perseverancia mientras esperamos nuestro glorioso futuro con Él. Muchos creen que *Moab* representa a aquellos que nunca creerán en Dios. Parte del gozo interminable en la eternidad para los creyentes proviene de Dios al eliminar todo lo que causa pecado y hace el mal. Al confiar en que Dios cumplirá Sus promesas, podemos saber con certeza que moraremos en paz y seguridad en un lugar donde los soberbios atacarán. Estoy muy agradecida por este futuro seguro que es mío por medio de Cristo. Aunque mi corazón se quiebre bajo el aguijón de la muerte mientras esté atado en esta tierra, algún día no habrá más que el brillo glorioso del gozo, y por eso estoy agradecida.

1 Corintios 15:50-58

Agradecida POR EL FINAL

por Elizabeth Hyndman

No soy realmente una persona centrada en el futuro. Me gusta pensar en algunos «y si...» y soñar un poco despierta, pero no tengo un plan quinquenal, ni objetivos para el próximo año, ni idea de qué podría cenar esta noche. No es que no tenga ambiciones en la vida. En las entrevistas de trabajo, solía responder a la típica pregunta del plan a diez años con una ocurrencia sobre cómo Dios siempre arruina mis planes. Lo decía en broma, pero es verdad. Nunca pensé que mi vida se vería como lo hace ahora.

¿Y tú? ¿Eres alguien que planifica su futuro? ¿Tu vida se parece a lo que pensabas que sería? Explica.

Basándome en la evidencia anecdótica de observar a la mayoría de las personas que conozco, me atrevería a suponer que has respondido que *no* a esa última pregunta. Santiago 4:13a, NBLA proporciona una base bíblica para tu respuesta: «Sin embargo, ustedes no saben cómo será su vida mañana». Al fin y al cabo, como dice Proverbios 16:9, NTV: «Podemos hacer nuestros planes, pero el Señor determina nuestros pasos».

Hay muchas cosas que no sabemos sobre el futuro. Sin embargo, sí sabemos lo más importante sobre él: la muerte ha sido vencida.

LEE 1 CORINTIOS 15. Son muchos versículos, pero si los lees en voz alta, apuesto a que estarás emocionada al final. Puede que incluso haya un «¡Amén!».

¿Qué versículos, si los hay, te han llamado la atención?
¿Algo de lo que acabas de leer te planteó preguntas en la mente?
Si es así, anótalas.

No está mal hacer preguntas. Incluso en estos mismos versículos, Pablo afirma que nos está comunicando «un misterio» (v. 51).

Esencialmente, todo este capítulo habla de la resurrección de Jesús de entre los muertos. Los creyentes corintios habían empezado a dudar de la resurrección. Es probable que estuvieran influenciados por la cultura griega que los rodeaba, la cual no tenía problemas en creer en algún tipo de existencia espiritual después de la muerte, pero no en una resurrección corporal.[4] Pablo argumentaba apasionadamente que Cristo resucitó corporalmente, ¡y nosotras también lo haremos!

VUELVE A LEER EL VERSÍCULO 19. Reescríbelo con tus propias palabras.

Esta semana hablaremos de estar agradecidas por las promesas de Dios, en especial por Su promesa de completar Su obra en nosotras y en el mundo. El versículo 19 habla de una promesa para el futuro, pero tiene implicaciones para nuestro presente.

Si ponemos nuestra esperanza en Cristo solo para esta vida, nos sentiremos decepcionadas. Sí, Jesús vino a darnos vida en abundancia en el aquí y ahora (Juan 10:10), pero nuestra esperanza es para un día futuro en el que experimentaremos la vida eterna en Su presencia. La forma en que vivimos esa esperanza en el presente cultiva tanto la gratitud como la evangelización.

VUELVE A LEER LOS VERSÍCULOS 54-57. ¿Te suena familiar el lenguaje que Pablo utilizó aquí?

Pablo está utilizando el lenguaje («destruirá») que leíste ayer en Isaías 25:7, así como el lenguaje que se encuentra en Oseas 13:14, NBLA: «¿Dónde están, oh muerte, tus espinas?¿Dónde está, oh Seol, tu aguijón?».

¿Sobre qué nos da Cristo la victoria?

Todo el capítulo culmina en estos versículos. Los creyentes corintios dudaban de la resurrección; Pablo argumentó que, sin resurrección, el evangelio sería vano. Para defender su argumento, Pablo se remontó al primer hombre, Adán (1 Cor. 15:45-49).

¿Qué sabes de la historia de Adán y Eva?

¿Por qué le dijo Dios a Adán en Génesis 2:16-17 que no comiera del árbol de la ciencia del bien y del mal?

LEE GÉNESIS 3:19,22. ¿Cuál fue una de las consecuencias de la desobediencia de Adán y Eva?

El resto de la Biblia está lleno de listas de nombres. Muchas están marcadas por la frase «entonces murió». La consecuencia del pecado es la muerte.

Los corintios no dudaban de que fueran a morir. Dudaban de su futura resurrección. Pablo les advirtió que al cuestionar su propia resurrección, también estaban poniendo en duda la de Cristo. Y, como dice el versículo 17, «y si Cristo no resucitó, vuestra fe es vana», y la muerte no habría sido derrotada. Demostrando que Cristo es un mentiroso. Y nosotros seguiríamos en nuestros pecados. PERO, como Pablo afirma claramente en el versículo 20, «Cristo ha resucitado de los muertos». Y no solo eso, Él es las «primicias». Las primicias eran un ritual del Antiguo Testamento en el que la primera parte de la cosecha se dedicaba a Dios y también indicaba que vendrían más cosechas.[5] La resurrección de Jesús fue la primera. Nosotros somos los siguientes.

Jesús murió en la cruz por nuestros pecados. Pero tenemos esperanza porque resucitó tres días después. La Biblia de Estudio CSB lo expresa maravillosamente: «[La resurrección de Cristo] es el "amén" de Dios al "consumado" de Cristo».[6]

Escribe una breve oración de agradecimiento a Dios por el regalo de la vida eterna y la victoria que nos ha dado por medio de Jesús.

LEE 1 CORINTIOS 15:58. ¿Para qué está el «Así que» ahí?

Este versículo es el plan de acción, los pasos siguientes y la forma en que la información que acabamos de leer debe repercutir en nuestra vida cotidiana.

¿Cuáles son las tres cosas que Pablo les dice a los corintios que hagan a la luz de la resurrección?

REPASA LOS VERSÍCULOS 1-2. ¿Por qué crees que Pablo utilizó palabras y frases como «firmes», «perseveráis», «firmes en ella» al referirse al evangelio y a la resurrección?

¿Alguna vez has tenido que ser «perseverante» o «firme» en tus creencias? ¿Cómo fue esa experiencia para ti?

Pablo dirigió esta carta en un tiempo y a una iglesia en la que se cuestionaba la doctrina de la resurrección. En nuestra cultura actual, las doctrinas también se cuestionan. Mientras el mundo que nos rodea e incluso algunos miembros de la iglesia cuestionan la verdad de la Escritura, debemos aferrarnos al evangelio. Debemos ser inamovibles.

¿Cómo el aferrarnos a la verdad del evangelio y la promesa de victoria de Dios despierta gratitud en tu mente y corazón?

La verdad de que un día resucitaremos con Cristo es un misterio, tomando prestadas las palabras de Pablo. Hay muchos detalles sobre esa esperanza futura que son desconocidos para nosotros. No podemos comprender cuán hermoso, cuán gracioso, cuán encantador será eso. Nuestros cerebros finitos no pueden captar lo infinito. No sabemos exactamente cómo serán nuestros cuerpos resucitados. Y solo Dios sabe cuándo sonará la trompeta y «seremos transformados» (v. 52).

Pero lo que sí sabemos con certeza es «que Cristo murió por nuestros pecados, conforme a las Escrituras; y que fue sepultado, y que resucitó al tercer día, conforme a las Escrituras» (vv. 3-4), y que Dios «nos da la victoria por medio de nuestro Señor Jesucristo» (v. 57).

Y por ello podemos estar agradecidas. Por siempre y para siempre.

Salmo 33

SU *hablar* ES SU HACER

por Irene Sun

Las mujeres jóvenes a menudo me preguntan: «¿Con quién debería casarme?». Mi respuesta es siempre «Un hombre íntegro». Cuando eres joven y estás enamorada del amor, el concepto de integridad no es muy emocionante. Pero la integridad es la base de cualquier relación de confianza. Un hombre íntegro es consistente e inquebrantable en palabra y obra.

Cuando te dice que valora la pureza, ¿cumple su palabra?
Cuando te dice que quiere a sus padres, ¿cumple su palabra?
¿Existe un patrón de mentir, poner excusas, no ser fiel a sus palabras?
¿Son sus palabras medidas, honestas y verdaderas?
¿Cumple sus promesas?
¿Admite sus defectos?
¿Se disculpa sin dar excusas?
¿Culpa a los demás de sus errores?
¿Confiesa el pecado y pide perdón?

Todos los que seguimos a Cristo deberíamos tratar de vivir con esta elevada norma de integridad. Pero he aquí la devastadora verdad: incluso con nuestro mejor esfuerzo y nuestra intención más sincera, las palabras y las acciones humanas fracasan. Cada persona que ha caminado sobre la tierra es incapaz de llevar una vida de perfecta integridad. Todos somos hipócritas y mentirosos, excepto Uno.

LEE EL SALMO 33.

VERSÍCULOS 1-3

La primera línea del Salmo 33 está firmemente ligada a la última línea del Salmo 32. Lamentablemente, las traducciones al español aflojan esta costura. En el texto original hebreo, el último verso del Salmo 32 y el primero del Salmo 33 exhortan a los justos (*tsadiqim*) a gritar de gozo (*ranan*).[7]

El Salmo 33 es el canto del perdonado. En el Salmo 32, David clamó a Jehová para confesar su pecado y el peso de su transgresión. Jehová era su escondite, y el amor fiel de Dios rodeaba a David. ¿Qué hacía tan especial la nueva canción del Salmo 33:3? Era un cántico que rebosaba de un corazón renovado.

El Salmo 33 era el canto de alguien que había sido liberado, el grito de alegría de una persona que había sido perdonada. Cuando estamos en pecado, no tenemos palabras en la boca. Somos como la bestia del campo, sin entendimiento (32:9). ¡Pero la alabanza, la alegría y la acción de gracias brotan de los labios de los perdonados!

VERSÍCULOS 4-9

¿Alguna vez tus palabras o tu falta de palabras han herido a otros?

Las palabras humanas hieren y destruyen.

La Palabra de Dios restaura. Las palabras humanas son inadecuadas.

La Palabra de Dios es suficiente. Las palabras humanas fallan.

La Palabra de Dios es fiel y verdadera.

«Pues la palabra del Señor es verdadera y podemos confiar en todo lo que él hace» (Sal. 33:4, NTV). La palabra digno de confianza o *emet* también significa fiel y verdadero.[8] Cuando Jesús, que es el Verbo hecho carne, viene de nuevo, el nombre con el que viene es «Fiel y Verdadero» (Apoc. 19:11).

Pues la palabra del Señor es verdadera y podemos confiar en todo lo que Él hace.

SALMO 33:4, NTV

Las palabras humanas son insuficientes. Frente a grandes problemas o tragedias, podríamos decir: «No sé qué decir» o «No tengo palabras». Nuestras palabras no pueden arreglar las cosas. Son huecas y se quedan cortas.

Pero Jehová es todopoderoso, omnisciente. Lo que Él dice se cumple. Posee una integridad infinita en Sus palabras y en Sus obras. Su hablar es Su hacer. Él creó el mundo. Recoge el agua con Sus palabras. Formó las galaxias con Su aliento.

¡He aquí nuestro Dios! ¡Fiel y Verdadero! Damos gracias y nos postramos en adoración.

VERSÍCULOS 10-19

Mientras las naciones y los reinos del mundo se levantan y caen, el consejo de Jehová permanece para siempre. Los reyes y los gobernantes pueden hacer planes, pero Jehová es soberano que tiene el poder de hacer y deshacer. Por eso, la nación cuyo Dios es Jehová es bienaventurada. Su pueblo es Su tesoro. Pertenecemos a Dios.

¿Cuáles son las diferentes formas en que la versión NBLA describe la visión de Jehová en los versículos 13-19?

La atención humana es fugaz, breve, limitada y débil. Se distrae, desvía y perturba fácilmente.

En Su infinita bondad y con Su infinito conocimiento, Jehová mira desde el cielo. Él atiende la labor de nuestras manos y la intención de nuestros corazones. Su mirada está enfocada, nunca distraída, desviada o perturbada. Observa a cada persona. Ni una sola persona, ni reyes, ni guerreros, y ningún detalle escapa a Su comprensión.

A quien contemplamos determina cómo nos comportamos. Mantenemos la mirada en Jehová, quien mantiene Sus ojos en aquellos que le temen. Sus ojos permanecen en aquellos que dependen de Su amor fiel.

¿Qué significa temer a Jehová?

En el contexto del Salmo 33, los que temen a Jehová son los que ponen su esperanza en Su carácter y confían en Sus promesas. Si promete perdonar, confiamos en que ha perdonado. Si promete rescatar, confiamos en que nos rescatará.

Temer a Jehová es enfocar nuestra mente y nuestro corazón en Él, manteniendo nuestro afecto y nuestra atención en Aquel que no se ve.

Su hablar y Su ver son nuestro consuelo y nuestra confianza. Aquel que ve todas las cosas también gobierna sobre todas las cosas. En problemas y peligros, no debemos temer. Incluso cuando no podemos verlo, Él nos ve. Él promete rescatarnos y mantenernos con vida.

VERSÍCULOS 20-22

Esperar es la disciplina de depender de la Palabra, las promesas y el consejo de Jehová de momento a momento. En la espera, inclinamos nuestras mentes y corazones para atender y centrarnos en nuestro Dios invisible, esperando y confiando en Su Palabra visible.

Por eso mantenemos Su Palabra y Sus obras ante nuestros ojos. Mantenemos la mirada y la atención en «todo lo que es verdadero, todo lo honesto, todo lo justo, todo lo puro, todo lo amable, todo lo que es de buen nombre; si hay virtud alguna, si algo digno de alabanza, en esto pensad» (Fil. 4:8). También consideramos los ejemplos visibles de la obra y la palabra de Dios que se nos presentan mientras observamos a los santos que viven vidas fieles por amor a Cristo.

Con el salmista, invocamos a Jehová y le pedimos que derrame Su *hesed* sobre nosotras. Él nos salvó en el pasado; nos salva ahora; nos volverá a salvar. «Sea tu misericordia, oh Jehová, sobre nosotros, según esperamos en ti» (v. 22).

Escribe algunos ejemplos visibles de la obra y la Palabra de Dios en los que quieras mantener tus ojos hoy.

CUARTA SEMANA | CUARTO DÍA

Apocalipsis 7:9-17

Siempre AGRADECIDA

por Y Bonesteele

La soledad es algo que todas experimentamos en determinadas temporadas de nuestra vida. Todas queremos tener un sentido de pertenencia y un propósito, y cuando no los tenemos, es fácil pensar que estamos solas. Pero la Biblia nos dice que nunca estamos solas. Porque no solo Dios está siempre con nosotras, sino que pertenecemos a Su familia y a Su reino, y nuestro propósito es adorarlo y servirlo. Y esto no es solo por una temporada; es por la eternidad.

El plan de Dios a lo largo de la Escritura ha sido siempre reunir a Su pueblo en Su presencia para amarnos, protegernos y proveernos. Y como siempre fracasamos en vivir a la altura de Su santidad, Él proporcionó un camino a través de Su Hijo, Jesús. El plan y la promesa de Dios consiste en redimir a la humanidad y establecer Su reino para todas las lenguas, tribus y naciones. En Apocalipsis 7, podemos ver cómo será este plan último.

LEE APOCALIPSIS 7:9-17. LUEGO VUELVE A LEER LOS VERSÍCULOS 9-10.

¿Cómo describió Juan, el autor, a esta multitud de personas?

¿Qué reconocen de Dios?

En Apocalipsis 7:9, Juan vio una gran multitud de todas las naciones de pie ante el trono de Dios. Esta visión confirma que la promesa de Dios de traer tanto a judíos como a gentiles a Sí mismo, se cumplirá. Estaremos ante el Señor Jesucristo, el Cordero, vestidos con túnicas blancas y con ramas de palma. Las vestiduras blancas simbolizan la pureza y la santidad que hemos estado anhelando y las ramas de palma simbolizan nuestro reconocimiento de la victoria de Cristo sobre el pecado, la muerte, la culpa, la vergüenza y el sufrimiento. Adoraremos a Dios, gritando: «¡La salvación pertenece a nuestro Dios!». Lo haremos en una sola voz, como un solo pueblo de Dios, porque Cristo ha logrado lo que se propuso hacer: salvar a Su pueblo. Salvar a Su pueblo de la muerte, pero también salvarlos para esa realidad última de pertenencia.

¡Qué asombroso será ese día: estar unidos en Su presencia en adoración! Comprenderemos plenamente que no estamos solas. Perteneceremos a la comunidad de los creyentes de todas las tribus y naciones. Actualmente, no vemos esta unidad y no siempre sentimos que pertenecemos a ella; el mundo parece caótico y muchas de nosotras intentamos encontrar nuestro propio camino. Pero aquí, Dios promete que un día todo cambiará. Sería fácil centrarnos en nuestra situación actual, pero el Espíritu nos recuerda Sus promesas y mueve nuestros corazones para que estén agradecidos en espera de ese día ante el trono de Dios, sabiendo con confianza que llegará.

¿Cómo debemos enfocar nuestras oraciones para que haya más unidad en el mundo, sabiendo que un día todos los que creen se reunirán como uno solo ante Dios?

Hace falta mucha gracia y escuchar para encontrar puntos en común y estar unidas con quienes tienen opiniones diferentes. Pero cuando nos centramos en lo esencial, ¡nos encontramos más unidas de lo que pensamos! Cuando ponemos a Cristo en primer lugar y nos centramos en Su obra salvadora, nos encontraremos acercándonos a nuestros hermanos y hermanas, así como acercándonos a Él. Cuando damos gracias a Dios por nuestros compañeros creyentes, nos encontramos agradecidas por ese bendito día venidero en el que todas estaremos en Su sala del trono.

VUELVE A LEER APOCALIPSIS 7:11-12. ¿Qué atributos atribuyen a Dios los ángeles, los ancianos y las criaturas? ¿Cuál de estos atributos resuena más contigo cuando piensas en Dios y por qué?

Porque Dios es el Creador de todas las cosas, merece adoración de toda Su creación. Al final de los días, adorarán los ángeles, los ancianos, los cuatro seres vivientes y todo Su pueblo. Aunque no sabemos exactamente quiénes son estos seres particulares, lo importante es que están alabando a Dios, cayendo rostro en tierra, reconociendo Su grandeza con reverencia y temor. No le están dando estas cosas a Dios; están proclamando la gloria y el honor que le corresponden.

¿Cómo puede tu adoración a Dios parecerse más a la de estas criaturas?

Porque a veces vemos a Dios como a un Amigo o Padre, podemos acudir a Él con despreocupación, presentándole nuestras peticiones y oraciones. Esto no está mal, pero a veces olvidamos la magnitud de lo que Él es y olvidamos el temor y el temblor debidos. Ojalá acudamos a Él con familiaridad y naturalidad, pero también con reverencia y temor, reconociendo que Él es todopoderoso y que ha hecho grandes cosas.

LEE APOCALIPSIS 7:13-17. ¿Quiénes son los que visten de blanco y cuál es su función?

¿Qué hará Dios por ellos?

En la visión de Juan, uno de los ancianos preguntó retóricamente: «¿Quiénes son esas personas vestidas de blanco y de dónde vienen?». Juan respondió: «Señor, tú lo sabes». El anciano luego respondió a su propia pregunta describiéndolos como aquellos que salieron de la gran tribulación, el tiempo de sufrimiento asociado con los últimos tiempos. (Dan. 12:1-3; Mat. 24:15-28). Hay opiniones divergentes sobre los detalles de esta tribulación, pero el punto principal aquí es que estas personas vestidas de blanco han salido de esto y ahora están ante el trono de Dios. ¿Cómo? Lavando sus vestiduras en la sangre del Cordero. Aceptaron el sacrificio de Jesús como expiación por sus pecados y recibieron a Cristo como Señor. Así, su pasado les ha conducido a la escena presente.

A lo largo de este pasaje, Juan repite las palabras «ante», «trono», «Dios» y «Cordero». Su énfasis es que, como creyentes, se nos concede el derecho a estar en presencia de Dios, en presencia de Cristo el Cordero, a estar ante Su trono para siempre. Cuando consideramos esto plenamente, ¿cómo no estar agradecidas?

¡Pero hay más! A continuación, el anciano describió cómo Dios protegerá, proveerá, guiará y alegrará nuestras vidas para siempre. Ya no tendremos hambre ni sed, ni necesitaremos aire acondicionado, ni estaremos incómodas, ni nos sentiremos descarriadas, perdidas, ansiosas o tristes. La visión de Juan era profética y una promesa del Señor. Animaba a los miembros de la iglesia primitiva a recordar que, aunque estuvieran sufriendo, llegaría el día de la gloria. Cristo volverá y todos los que han confiado en Él estarán con Él para siempre en Su reino.

¿Cómo te hace esta verdad sentirte agradecida por quién es Dios y cuál es Su misión final?

A veces es difícil ser agradecida, sobre todo cuando la vida parece abrumadora. Pero también en nuestro día a día repetitivo, nos volvemos complacientes y descuidamos dar las gracias. Incluso cuando las cosas van bien, a veces nos centramos en las «bendiciones» terrenales y descubrimos que la mayor parte de nuestro agradecimiento apunta hacia cosas que pronto se desvanecerán.

Sin embargo, cuando meditamos sobre las promesas de Dios de Su reino eterno con un pueblo unido y diverso, de Su gloria y presencia eterna con nosotras, y de Su provisión y protección eternas, no podemos evitar adorar y estar agradecidas. Se acerca un día en el que nosotras, con todas las tribus y naciones, no lloraremos más. Dios lo ha prometido, y siempre cumple Sus promesas. Eso es algo por lo que podemos estar eternamente agradecidas.

¿Qué otras promesas de Dios de la Escritura puedes enumerar y agradecer a Dios?

CUARTA SEMANA | QUINTO DÍA

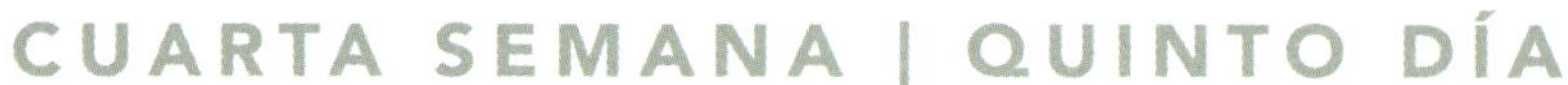

Hechos 1:9-11

LA *gratitud* MOTIVA LA MISIÓN

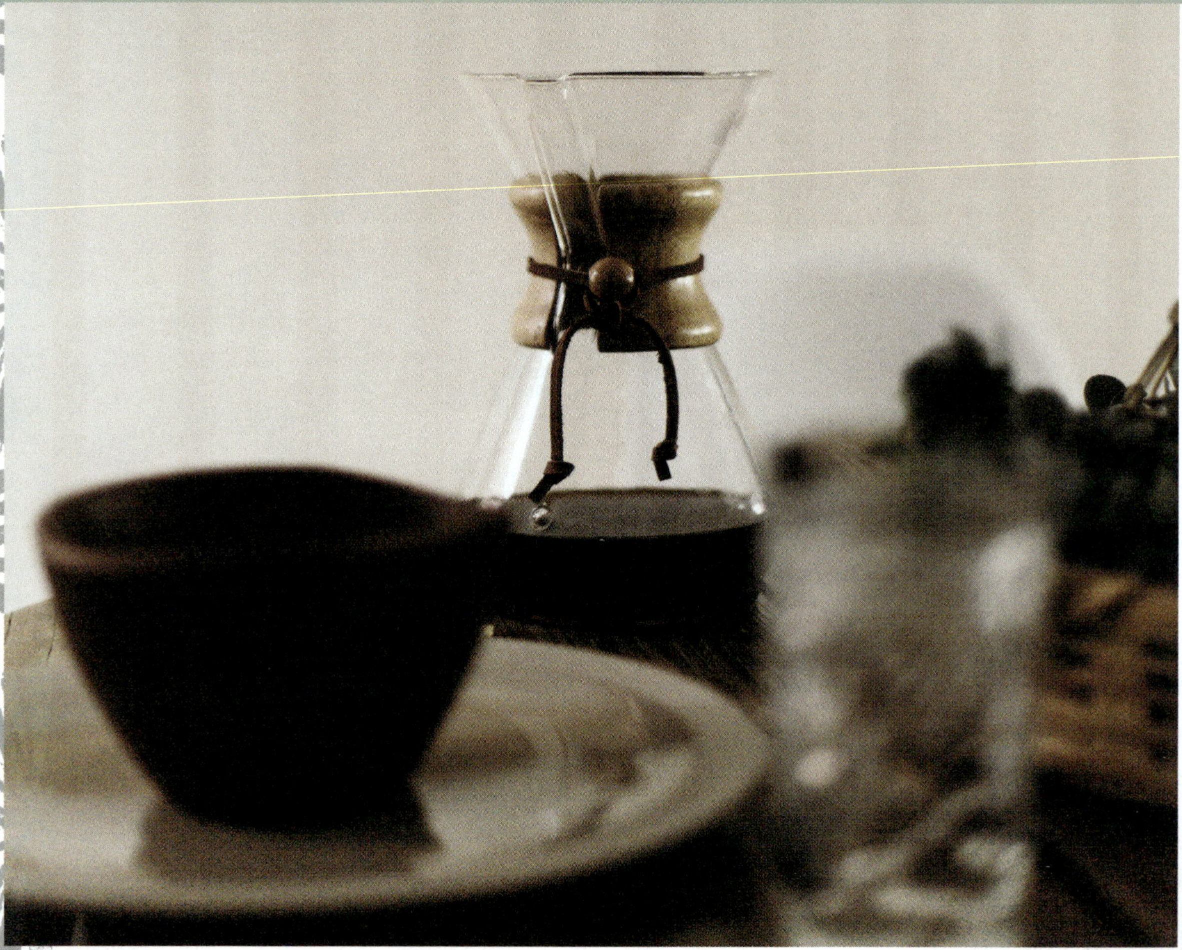

por Cynthia Hopkins

Atónitos. Así me imagino a los discípulos de Hechos 1:10 cuando vieron a Jesús ascender al cielo. ¡Qué torrente de emociones contradictorias debieron de sentir! Probablemente estaban ansiosos y asustados al ver que Jesús los dejaba, pero también llenos de esperanza y expectación al saber que Su Espíritu vendría. Es probable que estuvieran confusos por las preguntas que Jesús parecía haber dejado sin respuesta, mientras se sentían agradecidos por todo lo que habían visto, experimentado y aprendido. No estaban seguros a dónde ir o qué hacer, pero sabían que avanzarían con propósito y poder.

Pero en ese momento, no podían dar un paso adelante. De hecho, no podían moverse ni pronunciar una sola palabra. Lo único que podían hacer era mirar al cielo.

¿Te sientes identificada? A veces la vida nos golpea con especial dureza. Sabemos que Jesús nos ha salvado, está con nosotras y obra en nosotras. Confiamos en Sus promesas y comprendemos que nos ha llamado para unirnos a Su misión en el mundo. Pero las circunstancias difíciles nos dejan paralizadas y aturdidas.

¿Cómo se supone que vas a avanzar en la misión de Dios y practicar la gratitud cuando el dolor y las pérdidas personales parecen requerir toda tu atención? ¿Acaso espera Dios que lo hagas?

Dios sabía que los discípulos lucharían por conciliar la amplia gama de emociones que estaban sintiendo cuando los pies de Jesús dejaron la tierra y ascendieron al trono del cielo. Él sabía que nosotras también lucharíamos. Sabía que habría momentos en los que tendríamos la tentación de dejar a un lado la gratitud y sentarnos firmemente en nuestro dolor. A los discípulos les envió un par de ángeles para recordarles, y ahora a nosotras, que fijemos la mirada en la verdad suprema. La vida en la tierra es corta. Jesús volverá, y cambiará dolorosas experiencias de la tierra por una realidad sin dolor y gloriosa: la *eternidad*.

Eso no quiere decir que las preguntas, la confusión y la tristeza sean, en sí mismas, pecaminosas. ¡No lo son! Jesús mismo experimentó esas emociones, como cuando murió Su amigo Lázaro (Juan 11:35), y cuando meditó sobre el sufrimiento al que se enfrentaría en la cruz (Lucas 22:39-46). Pero en esas experiencias, Él seguía mirando hacia adelante, hacia la verdad más grande y mejor del evangelio que motivó Su venida a la tierra. Cada día que Jesús estuvo en la tierra, siguió avanzando para cumplir los propósitos del reino de Dios. Y lo mismo debemos hacer nosotras.

DIARIO PERSONAL

Esta semana hemos aprendido que la gratitud motiva la misión, así que adéntrate en esa verdad con el ejercicio de hoy. Alrededor de la palabra *dolor*, escribe tantas cosas como puedas por las que hayas sufrido, que estés sufriendo ahora y que probablemente algún día sufrirás.

Dolor

Alrededor de la palabra *gratitud*, escribe tantas cosas como puedas por las que estés agradecida. (Piensa en quién es Dios, en las cosas grandes y pequeñas que ha hecho por ti, en lo que está haciendo y en lo que ha prometido).

Gratitud

Considera ambas listas en oración ante Dios. Pídele que te ayude a ver tu dolor a la luz de tu gratitud, para que puedas avanzar en la misión en cada circunstancia.

DAD
GRACIAS
en todo,
PORQUE ESTA
ES LA VOLUNTAD
DE DIOS PARA
CON VOSOTROS
EN CRISTO JESÚS

1 Tesalonicenses 5:18

REFLEXIÓN

Cuando termines tu semana de estudio, dedica un momento para reflexionar lo que has aprendido y cómo se ha conmovido tu corazón en relación a la gratitud. Utiliza el espacio de abajo como quieras: escribe una oración de agradecimiento al Señor, resume lo que has aprendido, escribe un poema, elabora una lista de aquello por lo que estás agradecida, haz un dibujo, escribe una canción, confiesa tu lucha por ser agradecida o documenta otras expresiones de tu corazón.

TIEMPO GRUPAL

Si realizas este estudio con un grupo, ten en cuenta las siguientes preguntas y prepárate para dialogarlas durante el tiempo que pasen juntas. (Si diriges el grupo, consulta la guía para líderes en *lifeway.com/agradecida* para que te ayude a prepararte).

¿Cuál fue tu día de estudio favorito? ¿Por qué?

¿Qué te ha llamado la atención de esta semana de estudio personal? ¿Qué se te ha quedado grabado? ¿Qué te sorprendió o fue información nueva?

¿Qué has aprendido esta semana que te ayude a cultivar un corazón agradecido? ¿Cómo aplicarás lo que has aprendido?

Para seguir desarrollando y alimentando un corazón de gratitud, consigue un ejemplar del *Diario de Oración de Gratitud* en lifeway.com/agradecida.

REFERENCIAS

INTRODUCCIÓN

1. «Giving Thanks Can Make You Happier», *Harvard Health Publishing*, 14 de agosto de 2021, https://www.health.harvard.edu/healthbeat/giving-thanks-can-make-you-happier.

PRIMERA SEMANA

1. Louis Berkhof, *Systematic Theology*, (Louisville, KY: GLH Publishing, 2022), 67.
2. John H. Sammis, «Trust and Obey», *Baptist Hymnal* (Nashville: Convention Press, 1991), 447.
3. John MacArthur, *Luke 11–17, MacArthur New Testament Commentary* (Chicago, IL: Moody Publishers, 2013), 394.
4. Strong's G509: *anōthen*, Blue Letter Bible, consultado el 13 de marzo de 2023, 2023, https://www.blueletterbible.org/lexicon/g509/csb/mgnt/0-1/.
5. Sarah E. Fisher, «Khesed—Loyal Love in Action», *Hebrew Word Lessons*, 22 de octubre de 2017, https://hebrewwordlessons.com/2017/10/22/chesed-an-action-packed-word-without-translation/.
6. Salmo 136:1, CSB, Blue Letter Bible, consultada el 10 de abril de 2023, https://www.blueletterbible.org/csb/psa/136/1/t_cPonc_614001.
7. Klyne Snodgrass, *Ephesians, The NIV Application Commentary* (Grand Rapids, MI: Zondervan, 1996), 102.
8. Strong's G5485: *charis*, Blue Letter Bible, consultado el 13 de marzo de 2023, https://www.blueletterbible.org/lexicon/g5485/csb/mgnt/0-1/.
9. Max Anders, *Gálatas-Colosenses, vol. 8, Holman New Testament Commentary* (Nashville, TN: Broadman & Holman Publishers, 1999), 112.
10. Klyne Snodgrass, *Ephesians, The NIV Application Commentary* (Grand Rapids, MI: Zondervan, 1996), 104.

SEGUNDA SEMANA

1. David Guzik, *1 Samuel, David Guzik's Commentaries on the Bible* (Santa Barbara, CA: David Guzik, 2013), 1 Sa 4:3–4.
2. «What is significant about the Ark of the Covenant? What is it?» *Compelling Truth*, Consultado el 13 de marzo de 2023, https://www.compellingtruth.org/What-Ark-of-the-Covenant.html.
3. Gregory Brown, «The Clothing Of The Heavenly Citizen (Colosenses 3:5-14)», 25 de enero de 2016, Bible.org, https://bible.org/seriespage/11-clothing-heavenly-citizen-colossians-35-14.
4. «Compasión», *Merriam-Webster.com Diccionario*, consultado el 13 de marzo de 2023, https://www.merriam-webster.com/dictionary/compassion.
5. Laura Story, «Blessings», *Blessings* Album, 2011.

TERCERA SEMANA

1. Tony Evans, «Acts 16:16-18», *The Tony Evans Bible Commentary* (Nashville: Holman Bible Publishers, 2019), 1095.
2. John Polhill, «Acts 16:37», *The ESV Study Bible* (Wheaton, IL: Crossway, 2008), 2120.
3. John Polhill, «Acts 12:18-19», *The ESV Study Bible* (Wheaton, IL: Crossway, 2008), 2108.
4. Elisabeth Elliot, «Hymns: We Rest on Thee / It is Well», *Gateway to Joy emisión*, 5 de septiembre de 1990, https://elisabethelliot.org/resource-library/gateway-to-joy/hymns-we-rest-on-thee-it-is-well/.
5. Edith G. Cherry, «We Rest on Thee», 1895.
6. «Paul», *The Roman Empire, PBS.org*, Consultado el 13 de marzo de 2023, https://www.pbs.org/empires/romans/empire/paul.html.
7. David Slotnik, «I flew on Qantas' 'Project Sunrise,' a nonstop flight from New York to Sydney… », *Business Insider*, 21 de octubre de 2019, https://www.businessinsider.com/qantas-longest-flight-new-york-sydney-project-sunrise-review-pictures-2019-10.

CUARTA SEMANA

1. Warren Baker, Eugene Carpenter, *The Complete Word Study Dictionary: Old Testament* (Chattanooga, TN: AMG Publishers, 2003), 419.
2. Gary V. Smith, *Isaiah 1–39, ed. E. Ray Clendenen, The New American Commentary* (Nashville: B&H Publishing Group, 2007), 430.
3. Andrew M. Davis, *Christ-Centered Exposition: Exalting Jesus in Isaiah* (Nashville: B&H Publishing Group, 2017), 146.
4. Mark Taylor, *1 Corinthians, ed. E. Ray Clendenen, vol. 28, The New American Commentary* (Nashville, TN: B&H Publishing Group, 2014), 367.
5. Richard L. Pratt Jr, *I & II Corinthians, vol. 7, Holman New Testament Commentary* (Nashville, TN: Broadman & Holman Publishers, 2000), 287.
6. F. Alan Tomlinson, *CSB Study Bible Notes* (Nashville: Holman Bible Publishers, 2017), 1832.
7. Strong's H6662: *sadîq*, Blue Letter Bible, consultado el 13 de marzo de 2023, 2023, https://www.blueletterbible.org/lexicon/h6662/csb/wlc/0-1/. Strong's H7442: *rānan*, Blue Letter Bible, consultada el 13 de marzo de 2023, https://www.blueletterbible.org/lexicon/h7442/csb/wlc/0-1/.
8. Strong's H530: *'ĕmûnâ*, Blue Letter Bible, consultado el 13 de marzo de 2023, https://www.blueletterbible.org/lexicon/h530/csb/wlc/0-1/.

SOBRE LAS AUTORAS

WENDY BELLO

Wendy Bello es autora y maestra de la Biblia. Nació en Cuba y actualmente vive en Miami, Florida. Ponente habitual en conferencias y retiros tanto a nivel nacional como internacional. Le apasiona enseñar a las mujeres la Palabra de Dios para que puedan vivir arraigadas en ella. Es autora de varios libros, entre ellos *Más allá de mi lista de oración*, *Digno* y *Un corazón nuevo*. Wendy y su esposo, Abel, tienen dos hijos.

Y BONESTEELE

Y Bonesteele es la editora de contenidos del plan de estudios bíblicos para adultos *The Gospel Project* y fue misionera en España.Tiene una Maestría en Divinidad por la Escuela de Teología Talbot, con énfasis en discipulado y en Evangelización. Disfruta de la jardinería, las siestas y el café con crema de vainilla. También le gusta viajar con sus cuatro hijos y su esposo.

JULIE BUSLER

Julie Busler es actualmente presidenta de la Unión Femenina Mundial de Oklahoma. Aunque le encanta enseñar la Escritura en su totalidad, a menudo utiliza sus experiencias junto a la Escritura para enseñar cómo prosperar a pesar de la enfermedad mental. Julie y Ryan llevan dieciséis años casados, tienen cuatro hijos y han servido como misioneros en Canadá, México, Alemania y Turquía. Su libro *Joyful Sorrow: Breaking Through the Darkness of Mental Illness*, está a la venta en inglés en tiendas digitales.

ERIN FRANKLIN

Erin Franklin es editora de producción en el equipo de Estudios Bíblicos para Lifeway Women. Licenciada por la Universidad de Lipscomb, disfruta con un buen partido de ping-pong, la fotografía y aprender cosas nuevas. Puedes conectar con ella en Instagram @erin_franklin y en Twitter @erinefranklin.

JANICE GAINES

Janice Gaines es una artista discográfica y oradora nominada a los premios Stellar y Dove. Graduada en un seminario y con un Maestría en Divinidad, es una profesora muy solicitada y apasionada por ver a las personas reconciliadas con Dios y entre sí. Janice es madre de dos niños y coanfritiona del podcast Only Gaines con su marido, EJ Gaines.

CYNTHIA HOPKINS

Cynthia Hopkins lleva mucho tiempo escribiendo estudios bíblicos, devocionales y artículos para todas las edades, desde estudiantes hasta adultos mayores. Ahora desempeña esa función en el equipo de contenido personalizado y estudios breves de Lifeway, remotamente desde The Woodlands, Texas. Cynthia está sumamente agradecida por ese trabajo y por las muchas otras formas en que Dios se muestra a ella.

ELIZABETH HYNDMAN

Elizabeth Hyndman es la directora del proyecto editorial de Lifeway Women Academy y coanfritriona del podcast *MARKED*. Nativa de Nashville, amante de la gramática y del té, puedes encontrar a Elizabeth en Instagram y Twitter @edhyndman.

RAVIN MCKELVY

Ravin McKelvy es redactora publicitaria en Lifeway y licenciada en Comunicación por el Instituto Bíblico Moody. Le apasiona la relación entre arte y teología y compartir las realidades cotidianas de la vida cristiana en las redes sociales.

TESSA MORRELL

Tessa Morrell es editora de producción para Lifeway Women. Le apasiona servir en su iglesia y estudiar la Escritura con otros. También disfruta visitando cafeterías locales, mirando tiendas de antigüedades durante horas y creando arte de todo tipo.

APRIL RODGERS

April Rodgers es la autora publicada de *Made to Shine: 90 Devotions to Enjoy and Reflect God's Light*. Tras perder a su hermano en un trágico accidente de carro, April se aferró a su fe en Dios y permitió que Él convirtiera su oscuridad en luz. Ahora vive para animar a otros a brillar en su vida cotidiana, hablando en conferencias y haciendo brillar la luz de Dios en su canal de YouTube® titulado «The Reflecting Light Show». April es graduada de seminario con su Maestría en Estudios Teológicos, esposa de un hombre increíble y madre de dos dulces hijas. Sus cosas favoritas son el café, la comunidad y las siestas de los domingos por la tarde. Puedes visitar su sitio web en aprilrodgers.com.

SOBRE LAS AUTORAS

CAROLINE SAUNDERS

Caroline Saunders es escritora, maestra de la Biblia, esposa de pastor y madre de tres hijos, que cree en tomar en serio a Jesús y no tomar en serio casi nada más. Ha escrito dos estudios bíblicos para chicas adolescentes con Lifeway Girls (*Good News: How to Know the Gospel and Live It* and *Better Than Life: How to Study the Bible and Like It*), un recuento de los libros de Joel, Amos y Jonás para lectores de primaria titulado *Sound the Alarm*, y dos libros ilustrados para niños (*The Story of Water* and *The Story of Home*, B&H Kids). Puedes encontrar sus escritos, recursos y ocurrencias en writercaroline.com, en Instagram @writercaroline y en TikTok @writercarolinesaunders.

IRENE SUN

Irene Sun nació en Malasia y es autora de los libros ilustrados *Taste and See: All About God's Goodness* and *God Counts: Numbers in His Word and His World.* Estudió liturgia y Literatura en la Universidad de Yale (MAR) y Antiguo Testamento y Lenguas Semíticas en la Trinity Evangelical Divinity School (ThM). Ahora educa a sus cuatro hijos en casa junto con su esposo predicador, Hans. Sirven y pertenecen a la Iglesia China de Pittsburgh.

EMILY WICKHAM

A Emily Wickham le apasiona compartir la Palabra de Dios. Como escritora galardonada, autora, oradora y fundadora de ministerios, alcanza a muchos con verdades bíblicas. Esposa de Mark desde hace más de treinta y tres años, madre de cuatro hijos adultos y suegra de dos, Emily vive en el oeste de Carolina del Norte. Conéctate con ella en proclaiminghimtowomen.com.

CHRISTINA ZIMMERMAN

Christina Zimmerman disfruta de su jubilación tras haber sido editora de contenidos para el estudio bíblico *YOU* de Lifeway Christian Resources. Sirve en el ministerio con su esposo, Harry Zimmerman Jr., en la Faith United Baptist Church de Nashville. Tienen cinco hijos.

INVITACIÓN A SEGUIR A CRISTO

Romanos 10:17 dice: «Así que la fe es por el oír, y el oír, por la palabra de Dios».

Quizás te hayas topado con información nueva en este estudio. O tal vez hayas asistido a la iglesia toda tu vida, pero algo de lo que has leído aquí te ha impactado de forma diferente a como lo habías hecho antes. Si nunca has aceptado a Cristo pero te gustaría hacerlo, sigue leyendo para descubrir cómo puedes convertirte en cristiano.

Tu corazón tiende a huir de Dios y a rebelarse contra Él. La Biblia llama a esto pecado. Romanos 3:23 dice: «por cuanto todos pecaron, y están destituidos de la gloria de Dios».

Sin embargo, Dios te ama y quiere salvarte del pecado, ofrecerte una nueva vida de esperanza. Juan 10:10b dice: «He venido para que tengan vida y para que la tengan en abundancia».

Para darte este regalo de salvación, Dios hizo un camino a través de Su Hijo, Jesucristo. Romanos 5:8 dice: «Mas Dios muestra su amor para con nosotros, en que siendo aún pecadores, Cristo murió por nosotros».

Recibes este regalo solo por fe. Efesios 2:8-9 dice: «Porque por gracia sois salvos por medio de la fe; y esto no de vosotros, pues es don de Dios; 9 no por obras, para que nadie se gloríe».

La fe es una decisión de tu corazón demostrada por las acciones de tu vida. Romanos 10:9 dice: «si confesares con tu boca que Jesús es el Señor, y creyeres en tu corazón que Dios le levantó de los muertos, serás salvo».

Si confías en que Jesús murió por tus pecados y quieres recibir una nueva vida a través de Él, ora una oración similar a la siguiente para expresar tu arrepentimiento y tu fe en Él:

Querido Dios, sé que soy una pecadora. Creo que Jesús murió para perdonarme de mis pecados. Acepto el regalo de la vida eterna. Gracias por perdonarme de todos mis pecados. Gracias por mi nueva vida. A partir de hoy, elijo seguirte.

Si has confiado en Jesús para salvación, por favor, comparte tu decisión con la líder de tu grupo o con otro amigo cristiano. Si aún no asistes a la iglesia, busca una en la que puedas adorar y crecer en tu fe. Siguiendo el ejemplo de Cristo, pide que te bauticen como expresión pública de tu fe.

NOTAS